COMÉDIE MUSICALE

Du même auteur

Les Aquariums lumineux, Denoël, 2008.
À la recherche d'Alice, Denoël, 2009.
Dos à dos, Jean-Claude Lattès, 2011.
Un jardin extraordinaire, Jean-Claude Lattès, 2012.
Mer agitée à très agitée, Jean-Claude Lattès, 2014.

www.editions-jclattes.fr

Sophie Bassignac

COMÉDIE MUSICALE

Roman

JC Lattès

Maquette de couverture : Bleu-T
Photo de la bande : © Grégoire Alexandre

ISBN : 978-2-7096-4763-2

Première édition mars 2015.

Pour Éric et Alban

1

Un crachin frêle et glacé déposait en zigzaguant ses paillettes argentées sur les épaules des passants. Cécile sentait son brushing parfumé s'écraser contre ses tempes comme du papier mouillé. Elle s'arrêta devant la vitrine de l'agence immobilière. Rassurée d'y voir sa belle masse de boucles rousses encore intacte, elle remonta la rue en toussotant pour faire passer une boule de petits cheveux qui lui agaçait la luette. Le pourboire minable laissé dans le cochon-tirelire de la shampouineuse stagiaire était une contrariété supplémentaire. Elle se demanda à quoi correspondaient ces gestes mesquins qu'elle se reprochait ensuite à tous les coups. C'était d'autant plus indigne qu'elle adorait ses deux heures hebdomadaires passées dans le boudoir surchauffé de Claude, l'artiste du quartier qui ne manquait jamais de s'extasier sur sa « chevelure exceptionnelle ». Bercée par ces compliments rares, les bras bleutés de tatouages du coiffeur s'agitant tels des serpents autour de son visage, elle feuilletait en buvant du thé vert des revues fascinantes entièrement consacrées à la vie de célébrités inconnues. Dans un état de lâcher-prise intégral, elle écoutait son coiffeur, toujours amusé par son ignorance « sidérante », enrichir les légendes des photos d'anecdotes de première main.

Au bout de la rue, elle reconnut Max, son voisin du dessus, à sa silhouette énervée. Entravé par un sapin tête en bas qui balayait le trottoir en queue de paon, il portait un gros sac de supermarché et un abat-jour cabossé. Elle le suivit comme on écoute aux portes, amusée et un peu confuse de l'épier à son insu. Des passants se retournaient sur lui, comprenant le pourquoi du sapin mais pas l'abat-jour plissé qu'il arborait en bracelet. On devait également s'étonner de cet excès de gestes qu'aucun poids même très lourd ne justifiait vraiment. Max semblait sans cesse vouloir sortir en catastrophe d'un vêtement en feu. Pauvre, pauvre Max, soupira-t-elle en détournant la tête. Une violente bouffée d'affection l'obligea à inspirer longuement l'air glacé du soir. Elle accéléra le pas jusqu'au porche, s'engouffra dans la cour de l'immeuble à la suite du jeune homme, puis se glissa derrière lui dans l'ascenseur.

— Cécile ! dit Max, surpris et à demi caché par le sapin.

Elle nota qu'il avait l'air un peu plus calme de face que de dos.

Depuis trois ans qu'elle le connaissait, Cécile continuait de s'émerveiller de la beauté fin de siècle et miraculeuse de son voisin. D'intenses yeux noirs, des sourcils dessinés au pinceau fin, un teint pâle et une petite bouche délicate sous une crinière sombre et bouclée, il avait au repos des langueurs de poète tuberculeux. Mais quand il s'agitait, et Max s'agitait souvent, une volonté féroce et inattendue démentait d'un coup et en un tour de passe-passe diabolique la douceur féminine de ses traits.

Cécile détourna la tête, toujours émue par le désespoir qui affleurait de l'entre-deux-mondes inquiétant du jeune homme.

Max appuya sur la touche du troisième étage. Adossé au miroir, il regarda Cécile par en dessous, souriant mais pas gai pour autant.

— Encore des trouvailles ? demanda-t-elle en désignant le sac qu'il avait posé à ses pieds.

— Oui, j'ai trouvé ces doubles-rideaux dans une benne, sur le boulevard. Il approcha du visage de Cécile le tissu froissé, ocre jaune bordé d'un liseré de passementerie doré décousu par endroits. Vous sentez ?

— Je sens quoi ? demanda Cécile, un peu dégoûtée par les émanations moisies qui s'échappaient du sac.

— La France d'il y a cinquante ans ! Intérieur bourgeois, un notaire, peut-être. Cet abat-jour doit venir du même endroit. Vous n'imaginez pas à quel point les odeurs résistent. Elles stagnent au fond des valises et des armoires, en attendant patiemment qu'on les délivre.

L'ascenseur s'arrêta. Max précéda Cécile sur le palier.

— Ça se passe bien avec votre nouvelle colocataire ? J'ai oublié son nom, dit-elle en cherchant ses clés dans son sac.

— Elle s'appelle Louise Brouillard. Je crois qu'elle s'acclimate et nous aussi. Elle est gentille, juste un peu farcie.

— Ça veut dire quoi farcie ? demanda Cécile qui secouait son sac près de son oreille pour entendre le cliquetis de ses clés.

— Elle passe ses nuits à visionner bouche bée de vieux films américains. Elle se prend pour Rita Hayworth. J'exagère un peu. Disons que parfois elle mélange.

Cécile ne comprenait pas toujours ce que disait Max. Il prenait des libertés avec la langue, faisait des raccourcis qui ne facilitaient pas ses rapports avec les autres. Mais il parlait beaucoup et ce qu'on ne comprenait pas un jour avait de grandes chances d'être repris différemment et plus clairement le lendemain.

— Et Raphael ?

— Ça va.

Max avait hésité. Cécile n'insista pas.

— Tu veux entrer ?

Il fit non de la tête, murmura un bonsoir rapide et monta à pied jusqu'au quatrième avec son sapin, son sac et son abat-jour qui ne ressemblait plus à grand-chose.

Cécile referma la porte derrière elle, balança ses chaussures dans l'entrée et s'étira au milieu du salon.

— Je suis crevée. Vraiment crevée, insista-t-elle, comme si elle devait en persuader quelqu'un dans l'appartement vide.

Elle courut à la cuisine, en manteau et avec ses gants, ouvrit le congélateur et en sortit une bouteille de gin givrée. Elle en but une bonne lampée au goulot, claqua la langue. Puis elle glissa sur le parquet jusqu'à la fenêtre, d'où elle avait la meilleure vue sur le square et sur Raphael qu'elle observait chaque soir, habitude tournée en rituel dans l'obscurité du salon.

Dans le crépuscule hivernal, le jardin avait l'air figé, photo en noir et blanc d'une époque argentique. Les lampadaires faiblards enveloppés d'un halo blême aplatissaient les contrastes. Une brume glaciale effaçait en les voilant les contours des massifs et des arbres. Raphael, le cousin de Max, était assis sur le même banc, affairé à ne rien regarder avec une extrême concentration. Les mains enfoncées dans les poches d'une veste boutonnée jusqu'au col, il fixait une idée qui tournait en rond à ses pieds telle une feuille morte agitée par le vent. Ses longs cheveux dissimulaient son masque obtus. À trente ans, il en paraissait vingt. Ses traits enfantins un peu grossiers donnaient à Cécile l'impression qu'il tissait méticuleusement le chapelet de remords qu'il laisserait plus tard derrière lui. Elle l'aimait autant qu'elle aimait Max. Géant poétique et désuet, Raphael saupoudrait le monde des confettis légers de sa délicate intelligence. Il avait le courage d'être différent et elle avait toutes les raisons d'y voir là un trésor.

En faction derrière la fenêtre, Cécile enleva son manteau et ses gants sans le quitter des yeux. Elle se demanda si Max, lui aussi debout derrière la vitre de son salon, attendait que son cousin se décide à rentrer. Approché par le gardien du square, Raphael déplia son long corps voûté, marcha lentement jusqu'à la grille et disparut du cadre. Quelques instants plus tard, elle entendit la porte claquer au quatrième, les pas de Raphael, plus assourdis que ceux de Max sur le parquet du couloir, jusqu'à sa chambre au-dessus de la sienne.

Elle retourna dans la cuisine, décongela une barquette tout-en-un qu'elle passa au micro-ondes puis sortit de son cartable une pile de copies qu'elle considéra avec une vilaine moue.

— Je suis crevée ! répéta-t-elle en s'adressant au plafond, la tête rejetée en arrière et les bras ballants.

Depuis plusieurs mois, Cécile avait constamment envie de dormir. N'importe où, n'importe quand, elle ressentait ce besoin de larguer les amarres qui la transformait, s'agaçait-elle, en pâte molle et niaise. Elle avait honte de ses langueurs mais résistait tant qu'elle pouvait au sommeil, ce continent noir, suspect et malhonnête auquel il était dangereux de confier son âme plus de six ou sept heures par nuit, pensait-elle.

Ce soir-là, l'image en noir et blanc de Raphael dans le crépuscule de décembre l'obsédait particulièrement. Coincée à la périphérie de l'âme du jeune homme, elle pensa longtemps à lui, chercha à comprendre puis renonça. Le ballet des pas scandés de Max au-dessus de sa tête, les coups de marteau qui lui parvenaient de la chambre de Raphael achevèrent de la déconcentrer. Les pieds posés sur les copies éparpillées qui couvraient son sous-main, elle se repassa pour la énième fois la genèse de leur improbable et merveilleuse amitié. Elle aimait ces souvenirs toujours à portée de main qu'elle suçotait comme des bonbons, sans jamais se lasser. Max aussi aimait bien revenir sur leur rencontre. Il adorait raconter l'épisode de « la folledingue en robe de chambre », anecdote qu'il refermait chaque fois avec la même formule, ce « on revient de loin » qu'elle prenait comme un hommage. Leur histoire avait en effet très mal commencé.

Max et Raphael avaient emménagé trois ans plus tôt dans l'appartement du dessus, chez leur grand-mère à peine refroidie, la très vieille Mme Valette. Sans prévenir, ils firent le soir même de leur installation une pendaison de crémaillère à tout casser. À trois heures du matin, la tête explosée par une longue liste de phrases menaçantes qu'elle avait passé la soirée à se répéter à leur intention, Cécile enfila sa robe de chambre et alla sonner au quatrième. Max lui expliqua très calmement qu'une grande quantité de stupéfiants circulant dans l'appartement, il était préférable qu'elle s'abstienne d'appeler la police. Abasourdie par le culot du jeune homme, séducteur et délié, bizarrement secoué de tics qu'elle attribua aux excitants, Cécile regagna son appartement sans obtenir de lui aucune concession. Le dimanche suivant, alors qu'ils bricolaient en écoutant du rock, elle revint à la charge, sans grand succès et par l'interphone cette fois, pour ne pas se laisser endormir par le charme de son nouveau voisin. Accablée par leur indifférence, elle commença à appeler les agences immobilières du quartier pour vendre et fuir le chaos.

Une invitation à dîner, scotchée sur sa porte et accompagnée d'un petit dessin censé la représenter souriante, changea la donne. Sur ses gardes mais dévorée de curiosité, elle finit par accepter l'invitation des deux agitateurs.

Le soir du dîner, munie d'une bouteille de champagne et prête à tout pour les amadouer, elle eut un moment d'arrêt en découvrant l'appartement revu et corrigé par les petits-fils Valette. Cécile gardait du salon de la vieille dame le souvenir d'une pièce vaste et bien tenue qui sentait à l'année la cire et le potage. Dès l'entrée, son regard horrifié croisa celui d'un grand visage bâclé à l'encre de Chine, suaire dégoulinant étalé sur le papier japonais coûteux de sa voisine. Dans le salon, les tableaux encadrés à la feuille d'or, les meubles cirés et les napperons brodés main avaient disparu sous un invraisemblable bric-à-brac de ferrailleur-brocanteur, des amoncellements de foires à tout et des boîtes à outils éviscérées. Recouverts d'une épaisse peau de poussière grisâtre et de copeaux de bois, les parquets et tapis autrefois soigneusement entretenus avaient perdu leur brillant et leurs couleurs. Le home cosy et désuet de la vieille Valette, métamorphosé en atelier de bricolage, était méconnaissable.

Au cours du dîner, Cécile apprit que les deux locataires étaient cousins et la vieille Valette leur grand-mère maternelle. Ils se présentèrent l'un après l'autre, posés et bien plus adultes qu'elle ne les avait supposés. Elle tâcha d'ignorer les tics qui déformaient le visage de Max pendant qu'il lui expliquait son métier d'accessoiriste de cinéma. Le métier de

Raphael n'avait pas de nom. Bricoleur tout-terrain, il travaillait pour des antiquaires et des particuliers. D'une voix intime, comme sortie d'un lit au petit matin, il lui montra, parmi quelques-unes de ses commandes en cours, une poupée merveilleuse, automate de vitrine d'un parfumeur des années vingt qui passait et repassait perpétuellement une houppette sur son visage. Il releva ensuite un globe de verre pour lui faire toucher du doigt de minuscules oiseaux empaillés posés sur de fins et délicats rameaux. Elle put enfin donner un sens, un nom et une nécessité aux bruits qu'elle subissait depuis des semaines. Jusqu'à la fin du dîner, les deux cousins écoutèrent attentivement et donnèrent sans compter. Il fallait tendre l'oreille pour suivre le phrasé chuchoté, méticuleux et poétique de Raphael, son audace tranquille et l'originalité absolue de ses points de vue. Elle comprit en observant Max qu'elle devait avec lui refouler tout cynisme et prendre comme elles venaient ses sorties ambitieuses et gaies, son allure de fille et sa gestuelle de garçon. Cécile leur parla de son métier. Elle leur fit l'économie de son savoir mais ils comprirent derrière sa modestie qu'elle était une pointure, un prof brillant et recherché, coach à thèses réservé aux meilleurs.

Au dessert et sans raison, elle leur annonça qu'elle avait cinquante-quatre ans.

Alors qu'elle s'apprêtait à partir, Raphael lui offrit un petit canard mandarin en jade, symbole d'amour éternel, spécifia-t-il en le lui tendant des deux mains.

Ce soir-là qui scella leur entente à trois, elle décida de faire abstraction du bruit et jura en silence fidélité à ses voisins. Ils avaient un charme extravagant et ce n'était pas rien pour cette femme qui se battait depuis des décennies contre les clichés et les paraphrases de générations d'étudiants fumeux. Les deux hommes faisaient tache avec une jeunesse narcissique et touchée par la glose qui parlait à la manière des télévendeurs avec un sourire américain qu'elle haïssait. De leur côté, Max et Raphael pressentirent des coudes et des méandres pas anodins derrière le trouble parfum de gin qui persistait dans le sillage sinueux de leur voisine.

Une amitié inattendue était soudain née du désordre, du hasard des lieux et de cette magie urbaine qui modifie les itinéraires et déjoue tous les plans.

Cécile se coucha un peu bourrée dans la chambre d'amis qui lui servait de joker les soirs d'intense activité chez ses voisins du dessus.

Elle murmura comme un mantra sa vieille promesse d'ivrogne d'y aller mollo sur le gin puis s'endormit bercée par les lointains coups de marteau de Raphael et le cliquetis régulier des talons de Louise Brouillard.

2

Arrivée furtivement dans la nuit, la neige avait recouvert les bancs du square d'une housse épaisse et aveuglante, mélangé la chaussée avec les trottoirs et grossièrement étouffé les détails. Plantée derrière la fenêtre, Louise s'en voulait d'avoir laissé ses après-skis à Bordeaux. Après quelques étirements, elle nota que l'appartement était parfaitement silencieux et s'en inquiéta car elle ne se sentait pas encore le droit d'y être seule. Son père, vieille connaissance de la mère de Max, l'avait plus ou moins obligée à s'installer là en attendant la sous-location promise par un ami de son cours de claquettes. Dès son arrivée, Louise avait compris qu'on avait imposé sa présence aux deux occupants des lieux. Très mal à l'aise, elle avait attendu plusieurs jours avant de se décider à défaire ses valises. De plus, et cela n'arrangeait rien à l'affaire, Max et Raphael étaient très déconcertants. Raphael, mutique et concentré, vivait au centre d'un périmètre infranchissable. Rivé à sa table à tréteaux et le dos arrondi sur ses minutieux travaux, il était une force d'inertie, un axe fixe que rien ne pouvait arracher à son siège. Max, au contraire, courait en tous sens, toupie en mouvement perpétuel, du matin au soir. Entraînée par sa légèreté de lutin et son ardeur électrique, Louise l'avait d'abord pris pour ce qu'il n'était pas. Un jeune homme à la beauté affolante et bien dans son époque avec qui elle partagerait des soirées dans des bars du quartier et des conversations faciles. Mais elle avait vite déchanté car l'archange bouclé était encore plus bizarre que son cousin. Vitaminé à la coke, le beau Max, pourri de tics et de tocs, se pliait à des rituels qu'il ne prenait pas la peine de cacher. Son énergie servait des névroses consenties qui régentaient sa vie heure par heure. Il avait l'air gai par dépit et bravache par désespoir. Lorsque la fatigue le terrassait et qu'il ne pouvait plus rien pour lui-même, il semblait redécouvrir la présence des autres et s'y consacrait alors avec un enthousiasme qu'elle trouvait émouvant.

Ainsi et depuis plusieurs semaines, Louise apprenait à slalomer entre les blocs de silence de l'un et les gestes insensés de l'autre. La plupart du temps, ils communiquaient sans se parler et sans se regarder, suivant une chorégraphie réglée et illisible. Louise avait grandi dans une famille bruyante où la parole fusait sans importance et sans conséquences et elle devait improviser et décoder sans notice les soudains désirs de solitude des deux cousins. Parfois, sonnée par un silence qu'elle ne supportait plus, elle se jetait à l'eau sans plus se soucier des conséquences, par pur instinct de conservation. Sans être vraiment indifférents, ils l'écoutaient monologuer, plus polis qu'intéressés. « Je vous ennuie », disait-elle en riant et ils se tournaient vers elle comme s'ils découvraient tout à coup sa présence dans la pièce. Louise avait imaginé les choses autrement et se sentait très seule.

Elle entrevoyait toutefois l'espoir d'une entente possible car un lien tacite les unissait dans une même trame. Tous les trois étaient des artistes ratés, des satellites à la traîne de l'imagination d'autres plus doués qu'eux. Louise savait que le factice de ses projets et les doutes qu'elle dissimulait mal derrière une obstination besogneuse n'avaient pas échappé à ses colocataires et elle misait sur leurs galères partagées pour faire sa place dans leur intimité.

Elle fit quelques pas chassés jusqu'à la cuisine où elle tomba sur Raphael qui buvait son café en rêvassant. Surprise de le trouver là, Louise, qui devait tout peser, opta pour une réserve discrète et prépara sans bruit son petit déjeuner. Alors que la beauté de Max était tolérable, celle de Raphael, voûté ce matin-là sur une rêverie entêtée, était d'une étrangeté intimidante. Louise faisait à son contact et pour la première fois de sa vie l'expérience de l'altérité absolue. Sans aucun repère pour la guider, elle n'avait aucun modèle, aucun souvenir utilisable pour savoir comment se comporter avec lui.

Raphael regardait la neige tomber derrière la fenêtre, exactement comme s'il était seul. L'observant à la dérobée dans un silence contraint, Louise se dit que la très grande douceur de cet homme rendait ses absences acceptables. Il était là, offert et à découvert, sans méchanceté et sans malice. Ses longues mains aux phalanges osseuses se balançaient au bout de ses bras, attachées trop lâches à ses poignets fragiles. Ses doigts effleuraient sans toucher et prenaient sans tenir. Pourtant, dès qu'il se mettait à travailler, ces mêmes mains devenaient des mécanismes de précision intraitables. Raphael était pour Louise un inconnu d'une espèce élégante et lointaine qui expédiait les obligations triviales du réel uniquement pour se maintenir en vie.

Prenant soudain conscience de sa présence, Raphael tourna la tête, son sourire paisible incluant peu à peu la jeune femme dans son cercle intime. Sentant d'emblée l'importance et la fragilité de ce tête-à-tête inédit, Louise se força à la transparence pour lui laisser toute la place dont il avait besoin pour parler.

Ce matin-là, il lui raconta presque sans pause son enfance avec Max, lui dit qu'ils avaient été élevés ensemble comme des frères par leurs deux mères, jumelles inséparables, deux femmes interchangeables qui n'avaient aucun sens de la propriété. Les sœurs Valette avaient été au cinéma un duo de costumières incontournable pendant plus de trente ans. Max et Raphael, eux aussi interchangeables et jamais séparés, avaient grandi au milieu des costumes, des rouleaux de tissus et des cahiers épaissis de petits échantillons accrochés aux pages par des épingles à tête. Il parla longtemps et Louise l'écouta sans l'interrompre. Puis il referma la parenthèse enchantée comme il l'avait ouverte, en douceur et sans réelle ponctuation.

Cécile se demanda comment de nos jours et avec les progrès de l'orthodontie on pouvait encore avoir une dentition pareille. Sa jeune voisine, qu'elle trouvait par ailleurs assez jolie était défigurée quand elle souriait par une affreuse mâchoire de cheval.

— D'habitude j'adore la neige, c'est toujours un événement, dit Louise. Mais aujourd'hui ça tombe mal ! Je vous les rends ce soir, ajouta-t-elle en rangeant à ses pieds les chaussures de randonnée de Cécile. C'est vraiment très gentil de me les prêter. Ce casting est important pour moi et je ne me sentais pas de danser les pieds gelés.

— Ça ne pose aucun problème, dit Cécile qui commençait à se lasser des explications et des excuses de la jeune femme. Je n'en ai pas besoin. Je les avais achetées pour faire le chemin de Compostelle, il y a dix ans.

Louise était passée chez Cécile sur les conseils de Raphael. Elle la connaissait à peine mais l'urgence l'avait finalement décidée à lui rendre visite. Le lendemain de son emménagement, Max avait fait de rapides présentations dans le hall et Louise n'avait pas été particulièrement attirée par cette femme rousse un peu ronde qui laissait dans l'ascenseur un parfum capiteux et vieillot. Depuis, elles s'étaient saluées presque chaque jour d'un bonjour bonsoir déjà usé. À sa grande surprise, cette femme qu'elle avait jugée hautaine était d'une gentillesse désarmante. Elle l'avait reçue en tenue de week-end, un jogging chic en velours crème. La sensualité luxueuse et le léger embonpoint de Cécile agissaient comme un chauffage d'appoint sur Louise qui n'arrivait plus à partir. Sa voisine parlait avec entrain en secouant sa belle chevelure auburn. Ses yeux vifs et de multiples taches de rousseur réveillaient les traits un peu amollis de son visage. Max lui avait dit que Cécile vivait seule et elle s'en étonna. Cette femme-là, pensa-t-elle, avait un charme de femme aimée.

— Vous êtes croyante ? demanda Louise.

— Croyante ! Oh ! Non ! Je m'étais embarquée dans cette histoire de randonnée pour le sport tout au plus. Quelle horreur ! Je ne le referais pour rien au monde, dit-elle en éclatant de rire. No sport ! disait Churchill. Elle repoussa d'un mouvement de tête une mèche lourde et alluma une cigarette. Ça se passe bien là-haut ? demanda-t-elle en levant les yeux en direction du plafond.

— Oui, oui. Je suis en train de me rendre compte qu'ils passent leur temps à travailler.

— Ah ! Tant mieux !

— Max a signé pour le décor d'un court métrage et Raphael a rendez-vous cet après-midi avec quelqu'un qui veut faire restaurer un tableau.

— Bien, ajouta Cécile avec la satisfaction de celle qui a rangé sa maison.

— Vous vous inquiétez pour eux ? demanda Louise.

— Oui et non. Et Raphael ?

— Il commence tout juste à me parler. Ils sont un peu bizarres tous les deux, dit Louise en riant. Ils vivent dans cet appartement comme sur une île minuscule perdue au milieu d'une mer démontée. Quand ils ouvrent la porte, j'ai toujours l'impression qu'ils rentrent d'un monde en guerre. Louise sourit. Je ne comprends pas très bien leur relation. Ils sont comme le jour et la nuit. Mais je serais incapable de vous dire qui est le jour et qui est la nuit. Je voulais vous demander quelque chose.

— Oui ? l'encouragea Cécile.

— Ils n'ont pas d'amies ? Je veux dire des petites amies ?

La vie amoureuse de Max et Raphael était un mystère insondable pour Cécile qui avait croisé deux ou trois fois dans l'ascenseur des filles que Max n'avait pas pris la peine de lui présenter. Envolées avec le matin, on ne les revoyait plus. Raphael quant à lui semblait vivre comme un moine. Cécile n'avait pas envie de montrer à Louise qu'elle n'en savait pas plus et opta pour une réponse sibylline.

— Vous comprendrez peu à peu. Ce n'est pas à moi de vous le dire. Et vous ? Parlez-moi de vous ! demanda-t-elle joyeusement.

Louise aima le regard pétillant et l'attention sincère de sa voisine. Elle lui expliqua qu'elle passait des castings pour des publicités. Entraînée par l'attention de Cécile qui l'écoutait en opinant, elle en vint au fait, son projet de comédie musicale autour de Rita Hayworth, son idole et son idée fixe.

— Rita Hayworth ? s'étonna Cécile.

Le nom de l'actrice américaine ne lui évoquait pas grand-chose. Elle se souvenait vaguement qu'elle avait été mariée à Ali Khan et qu'elle était morte de la maladie d'Alzheimer. Cécile était toujours celle qui savait face à ceux qui ne savaient pas encore et se réjouit de ce changement de rôle.

— *La Dame de Shanghai*, *Gilda*. Vous connaissez *Gilda* ?

— C'est très loin, admit-elle en faisant une grimace d'impuissance.

— « *Put the blame on Mame, boys* », chantonna Louise avec un accent anglais très acceptable tout en grattant les cordes d'une guitare invisible.

Elle se leva, se planta au milieu du salon après avoir repoussé du pied un kilim qui recouvrait le parquet.

— Vous avez cinq minutes ?

— J'ai tout mon temps !

— Alors, je vous montre. Louise écarta légèrement les jambes et posa les mains sur ses hanches. Elle réfléchit, tête baissée. Bon, dit-elle, je ne vais pas vous refaire Gilda, tout le monde connaît. Rita Hayworth, c'est une danseuse inouïe, on l'oublie et c'est ça qui m'intéresse. Louise fit bouffer ses longs cheveux noirs, agita sa frange, inspira longuement en fermant les yeux. Essayez d'imaginer, dit-elle. Musique latino swing, Xavier Cugat et son orchestre, Fred Astaire et Rita. Lui, sec, tout en blanc, elle, jupe courte plissée soleil, socquettes et chaussures bicolores. Imaginez les claquettes, les années quarante, l'envie de s'amuser pour oublier la guerre.

Bien calée sur le canapé, Cécile essayait de se concentrer.

— J'y vais, dit Louise.

Elle martela le sol pour se donner le rythme puis se mit à danser sur le parquet du salon.

Un peu inquiète, Cécile regarda sa voisine tournoyer dans la pièce, lancée en quelques secondes dans un enchaînement sidérant. Elle tapait des pieds et des mains, tout en sourire chevalin, le visage rayonnant de bonheur.

— Là, dit-elle en rejetant la tête en arrière, il faut imaginer un pas de deux avec Fred.

Louise venait d'enlacer son partenaire et tournait autour du canapé dans les bras du danseur, tous les deux parfaitement raccord. Elle le lâcha, tricota avec ses pieds, genoux à l'équerre, une figure compliquée et brillante. Comme dans un invraisemblable dessin animé, le haut de son corps restait fixe alors que ses jambes dessinaient des figures virtuoses.

— Les bras de Rita, c'est sa faiblesse et c'est aussi son humanité, souffla Louise les bras en croix légèrement repliés. Rita danse l'air de rien. Je ne sais pas si vous le sentez, ajouta-t-elle en tournant sur elle-même. Elle est très forte car en fait elle est tétanisée de trouille mais Fred est content d'elle, il la trouve formidable. On ne voit ni sa peur ni la performance, c'est une gamine qui s'amuse. Là, il la reprend dans ses bras. Ils glissent ensemble et ils sortent de scène enlacés.

Louise s'arrêta net. Essoufflée, elle reposa ses mains sur ses hanches.

— Magnifique ! lança Cécile en applaudissant.

Louise fit non de la tête.

— Il manque la musique et les claquettes, ça change tout. C'est comme si vous regardiez un film sans le son.

— Vous avez du talent, ajouta Cécile, sérieuse.

— Oui, je crois. Louise soupira d'un air triste. Je ne sais pas si ça suffit. Elle ramassa les chaussures de marche, remercia Cécile, se dirigea encore essoufflée vers la porte. Je vous montrerai Gilda une autre fois. J'oubliais ! dit-elle, déjà sur le palier. Les mères de Max et Raphael viennent dîner ce soir. Ils veulent savoir si vous viendrez.

— Oh ! Non ! Pas les roulés-boulés, dit Cécile une main sur le front.

— Les quoi ?

— Les roulés-boulés. C'est le surnom qu'ils ont donné à leurs mères.

— Le jour et la nuit et les roulés-boulés. C'est drôle ! Vous n'avez pas envie de venir ?

— Je ne sais pas. En tout cas, ne m'attendez pas. Et bonne chance pour cet après-midi, cria-t-elle à Louise, déjà disparue dans l'ascenseur.

Cécile resta un moment sur le pas de la porte, bluffée. Lorsque Max les avaient présentées, elle avait trouvé la nouvelle venue arrogante et elle s'était trompée. Minuscule dans son manteau de velours noir, gamine décidée au teint de rose et à l'iris sombre, Louise Brouillard lui avait donné l'impression que les autres n'existaient que pour l'écouter. Elle lui avait débité son CV à une vitesse publicitaire, un œil sur son portable, l'autre en laser sur les alentours, avant d'embrayer sur son projet de comédie musicale à un personnage, elle. Cécile avait été agacée par l'assurance de cette fille pour qui la distance entre ses désirs et leur réalisation semblait se réduire à une simple question de calendrier.

Cécile referma la porte de l'appartement, reprit la pose sur son canapé et se servit le verre de vin qu'elle s'était interdit en présence de Louise. Elle se dit que sa jeune voisine avait l'aplomb de ces étudiants forts en gueule qui, à chaque rentrée, lui pourrissaient la vie avec les mêmes revendications pointilleuses avant de disparaître dans les rangs indifférenciés de l'amphithéâtre à l'approche des partiels. Après avoir fait leur trou bruyamment, ils se mettaient au travail et se faisaient oublier. Louise avait de cette superbe à plusieurs entrées qui la poussait à parler plus fort que les autres pour s'assurer une paix future. Cécile décida alors d'aimer Louise sans restriction.

3

Sur le mur opposé du quai, l'immense visage d'un adolescent heureux vantait les attractions d'un nouveau centre de loisirs. En professionnel du faux-semblant, Raphael chercha sur les traits du jeune homme dénaturé comment l'artiste s'y était pris pour en faire un être si parfaitement générique. La peau, les cheveux et les dents avaient été soigneusement briqués pour que chacun y reconnaisse un rassurant et commun dénominateur. Il salua le savoir-faire prodigieux mais terrifiant et imagina à la place de ce trompe-l'œil un autoportrait tardif de Lucian Freud en quatre mètres sur trois. Il se demanda si un visage ravagé par l'âge, buriné à l'huile grise et rose par un pinceau fâché n'était pas plus rassurant que ces têtes en plastique. Juste avant de monter dans le wagon, Raphael plongea une dernière fois le regard dans celui de l'amateur de Luna Park et n'y trouva qu'un vide sidéral. La mort n'y était pas mais la vie y était aussi introuvable.

Dans la rame presque vide, il somnola les yeux ouverts. Il avait mal dormi, réveillé plusieurs fois par Louise qui toutes les nuits se cognait dans les meubles. La joie chantée en sourdine des comédies musicales qu'elle se passait en boucle se répandait jusqu'au petit matin dans tout l'appartement. Max se moquait d'elle, disait que le cinéma américain était fait pour les enfants. Sans se laisser abattre, elle répétait que c'était pour ça qu'elle l'aimait. Raphael avait eu du mal à accepter la présence de Louise dans l'appartement. Il l'avait d'abord regardée de loin, gêné par son odeur, son corps de fille cambrée et ses continuels étirements de danseuse. Puis, peu à peu, il avait accepté de vivre à côté de cette provinciale naïve qui misait sans calcul sur tout le monde avec une certaine élégance. Max allait la faire souffrir elle aussi. Et ce serait alors chacun pour soi, se dit-il en époussetant énergiquement le bas de son pantalon recouvert de neige en bouillie.

Après un changement à Madeleine, il se concentra sur son rendez-vous, sa croix. Parler à des inconnus et vanter son talent étaient une servitude obligatoire, un mauvais moment à passer que des années de pratique n'avaient pas réussi à rendre simplement ennuyeux. Il se dit que Max avait tout pris et reconnaissait à Louise un beau culot de vendre ses pas de danse ou son visage à des publicitaires.

Raphael grelotta en sortant de la bouche de métro. Il ne neigeait plus mais une humidité glaciale persistait dans les rues. Aux portes de Paris, le quartier chic de sa cliente avait l'air tout à fait mort. Il ne croisa qu'une nurse philippine munie d'une poussette vide et une concierge en course. Il poussa une lourde porte en fer forgé. Au troisième étage, une bonne lui ouvrit et l'abandonna sur une banquette dans un vestibule de la taille du salon Valette. Quelques secondes plus tard, un homme entré brusquement par une porte latérale s'arrêta net devant lui. Grand, engoncé, serré dans un costume sombre, cravate luisante et chemise immaculée, son cerveau semblait vouloir lui sortir de la tête. Il bouillait de rage et fixait Raphael d'un air offensif.

— Qui êtes-vous ? demanda-t-il.

Raphael n'eut pas le temps de se présenter. Une femme arrivée en courant par la même porte s'interposa entre eux.

— Il vient chercher le tableau, dit-elle doucement.

L'homme n'en demanda pas plus et sortit sans un mot.

Raphael eut un pincement au cœur en voyant sa cliente s'approcher de lui dans la lumière tamisée de l'entrée. Il reconnaissait ses doubles au premier coup d'œil. Le regard de côté, le cou un peu en avant et la bouche entrouverte, la femme s'avançait vers lui comme vers une catastrophe, terrifiée et courageuse. Il se leva, s'aperçut qu'elle était presque aussi grande que lui. La timidité des géants, se dit-il en serrant la main qu'elle lui tendait. Ils s'observèrent quelques secondes, les yeux tremblotants, incapables de se parler. Puis elle lui fit signe de la suivre jusqu'à un salon que Raphael connaissait bien. Identique aux autres, c'était le prototype de l'intérieur grand bourgeois où vivaient la plupart de ses clients. L'argent incarné dans un bon goût ennuyeux et répétitif, la personnalité des propriétaires était soigneusement dissimulée derrière des tentures discrètement nacrées et des canapés crème. Elle le conduisit jusqu'à un tableau posé sur une petite console.

— Il est assez abîmé, dit-elle en s'excusant.

Elle passa la main sur la toile, s'arrêta sur une petite déchirure qui s'effilochait le long de la jambe droite d'une femme assise sur une rocaille. Le tableau représentait une scène bucolique et vaguement érotique.

— On m'a dit que vous saviez tout faire, reprit la femme en l'invitant à s'asseoir à côté d'elle.

— Pas du tout !

— Ne faut-il pas faire croire qu'on sait tout faire ? ajouta-t-elle en souriant.

Un peu décontenancé, il décida de lui servir le même discours rodé qu'il utilisait pour parler de son métier à ses autres clients.

— Je suis loin de savoir tout faire, vous savez. Je ne connais pas grand-chose à l'horlogerie même si je me débrouille pas mal avec les automates. J'aime assez la marqueterie et le travail du bois. Je répare les dégâts mineurs sur la porcelaine mais je ne touche pas aux biscuits. Il m'est souvent arrivé d'accepter des commandes sans vraiment connaître les techniques. En fait, j'ai appris beaucoup de choses tout seul. Au départ, ma spécialité c'est le trompe-l'œil.

Elle écoutait attentivement et semblait faire des efforts extraordinaires pour s'extraire de son monde, comme si elle entendait des phrases murmurées du fond d'un puits.

— Le trompe-l'œil ?

Une sonnerie la fit sursauter. Elle tourna la tête, attendant la suite, des bruits qui n'avaient de sens que pour elle dans l'appartement aux mille portes. Raphael sentit de la terreur dans son attente. Il remarqua alors la blancheur de son visage et la pâleur de ses cheveux courts d'un blond presque blanc. Elle portait un pull à col roulé également blanc et un pantalon bleu clair. Il était impossible de l'imaginer dehors tant l'ensemble avait l'air fragile et cristallisé. Il y avait aussi chez elle quelque chose d'humilié. Raphael fit un effort pour se rappeler son prénom. Eva. Eva, se répéta-t-il en la regardant. Des éclats de voix, un échange de cris trop éloignés pour être compréhensibles maintenaient sa cliente à l'affût, figée par un danger imminent. De nouvelles portes claquées, une sonnerie de téléphone, puis plus rien. Le silence bourgeois les reprit dans ses plis.

— Excusez-moi. Je vous écoute. De quoi parlions-nous ? Du trompe-l'œil, c'est ça ?

— Oui. Le vrai faux. L'illusion. Quand on ne sait plus très bien où on est.

Il lui expliqua qu'il était toujours plus attiré par les arrière-plans et les détails des tableaux que par les tableaux eux-mêmes.

— Je fais un métier de faussaire en quelque sorte. Je m'intéresse aux nuages, aux arbres, à l'or, au blanc dont est fait le verre dans les natures mortes, aux drapés qui rendent fou, aux carrelages qui faussent les perspectives, aux veines du marbre. Dans les Annonciations, je ne vois que les ailes de l'archange et le lys qu'il présente à la Vierge.

Un léger affolement passa dans le regard de la femme qui le dissimula en contemplant ses mains. Raphael se tut.

— C'est d'accord ? demanda-t-elle dans un réel effort pour se montrer enthousiaste et légère.

Il réfléchit. Le moment était venu de parler d'argent, les clous sur sa croix.

— Vous l'emmenez avec vous ? demanda-t-elle sans attendre. Ou voulez-vous prendre un peu de temps et repasser un autre jour ?

— Je vais l'emporter, si vous voulez bien.

L'idée de revenir dans cet appartement déprimant, de devoir encore faire l'article à ce fantôme nordique incapable de produire la moindre phrase longue le terrifiait.

Eva ne manifesta aucune réaction, ne parla pas d'argent et le raccompagna à la porte.

Raphael reprit le métro dans l'autre sens. Anesthésié par la chaleur du wagon, il sentit peu à peu son corps se détendre. Il connaissait par cœur cet état post-traumatique des premières rencontres, ce lent desserrement des muscles et des nerfs qui succédait à l'extrême tension et aux phrases laborieuses, débitées cul sec pendant ses rendez-vous. Toutefois, Raphael gardait dans son cœur une drôle de tendresse pour cette femme qui lui ressemblait. Elle aussi l'avait sûrement reconnu. Il examina la toile endommagée qu'il avait posée sur ses genoux. Perdu dans ses glaces, cet être étrange n'avait pas eu l'idée de lui donner un sac pour transporter le tableau qui attirait l'attention. Il se dit qu'Eva avait sans doute ce manque d'à-propos des femmes servies qui, à force de déléguer, ne sortent plus des limites de leur âme. Raphael remarqua la présence de la fille assise en face de lui. Elle avait sorti de son sac une trousse de toilette très usée et se maquillait devant un miroir de poche. Tout ce qui sortait de sa trousse était recouvert d'un duvet de poudre beige. Elle commença par poser du mascara sur ses cils, puis recouvrit ses joues d'une couche de rose satiné avant de faire disparaître ses lèvres sous un rouge vif crémeux. Raphael détourna la tête, soudain très mal à l'aise. Le visage de la femme grimée faisait remonter des souvenirs dangereux qu'il devait étouffer au plus vite. Des images de ses jeux secrets avec Max commençaient à défiler sur la vitre du wagon, toutes d'une affolante netteté. Il chercha quelque chose à observer pour chasser son angoisse. Il fallait faire vite et il posa les yeux sur un couple de vieux Chinois assis côte à côte sur des strapontins. L'un et l'autre presque identiques, il était impossible de savoir qui était l'homme et qui était la femme. Les jumeaux asiatiques lui firent penser aux roulés-boulés et au dîner qui approchait. Quand il se leva pour descendre du wagon, la fille au maquillage rattrapa de justesse le tableau d'Eva avant qu'il ne tombe entre leurs jambes.

En entrant dans l'appartement, Raphael remarqua qu'il avait été sommairement rangé. Une vraie allée permettait de marcher de l'entrée au salon sans avoir à repousser des objets du pied pour se frayer un passage. Il fallait au moins ça quand les sœurs Valette s'annonçaient car leurs visites étaient aussi stressantes que celles de l'inspecteur des impôts pour le fraudeur au fisc.

Elles venaient vérifier que l'appartement n'avait pas subi de nouvelles dégradations depuis la fois précédente, s'assurer que Max et Raphael travaillaient et que les voisins ne se plaignaient pas.

Raphael trouva Max dans la cuisine. Torse nu et la tête un peu rouge, il tournait une cuillère en bois dans une cocotte fumante.

— Ça s'est bien passé ? demanda Max.

Il plissait les yeux pour se protéger de la fumée d'une clope qu'il tenait entre ses lèvres. Raphael déduisit à sa fébrilité que Max ne s'était pas encore fait de ligne et qu'il avait vraisemblablement survécu à une mauvaise journée. Il passait sans arrêt sa main inoccupée sous sa dernière côte, un de ses plus vieux tics restés de l'enfance et qui n'était pas bon signe. La frénésie n'était pas loin. Max transpirait, réprimant dans la douleur un toc quelconque. Raphael l'avait vu récemment étaler encore et encore un torchon sur le radiateur, jamais satisfait du résultat. Il détourna la tête pour s'épargner le spectacle du torse blanc de son cousin et de sa main folle qui caressait ses côtes.

— Hé ! Je te parle ! Ça s'est bien passé avec ta cliente ?

— Oui, oui. C'est une femme étonnante. On dirait un animal polaire. Raphael s'étira. Je ne pense pas pouvoir restaurer son tableau.

— Pourquoi as-tu accepté, alors ?

— Je n'ai pas osé dire non.

— Bourge ?

— Oui. Mais des bourges j'en vois tous les jours et celle-là ne leur ressemble pas. Elle t'écoute la bouche ouverte comme si elle attendait de toi un miracle ou une révélation.

— Elle te paie bien ?

— On n'en a pas parlé.

Max rit aux éclats.

— Mon pauvre Raphael ! On ne sera jamais riches !

Contrarié, Raphael sortit une bière du frigidaire, allongea ses longues jambes et feuilleta négligemment un livre de cuisine poisseux qui traînait sur la table.

— Et toi ? demanda-t-il.

— Moi aussi je me demande pourquoi j'ai accepté ce boulot de merde, s'énerva Max. C'est mal payé et Bréguet est un con fini. Ce naze n'a pas changé.

Raphael rit. Il se souvenait bien de Pascal Bréguet Bréguet Pascal, disait-il quand il se présentait. Il allait en cours avec des jeans en loques et des polos griffés. Il avait fait une école de cinéma et venait d'obtenir une bourse d'une fondation bancaire pour tourner un court métrage. Max expliqua à Raphael que toute l'action se passait dans une salle à manger.

— Milieu petit-bourgeois. Un couple et leurs trois enfants regardent les événements de Mai-68. Ils sont à table et voient les images défiler à la télé. Les enfants pensent que c'est la guerre. Les parents s'affrontent à la fois sur le sens de tout ça et sur la manière de le présenter aux mômes.

Max avait accepté parce que c'était facile. Décor unique, peu de mouvements de caméra dans la pièce, lumière constante et, plus rare, il devait prendre en charge la décoration dans sa totalité et non se limiter aux accessoires comme c'était généralement le cas sur les tournages. Le hic, c'était Bréguet.

Max posa la cuillère en bois sur le rebord de l'évier, alluma une cigarette, en tira une longue bouffée. Puis il se dirigea vers le crochet à torchons, se ravisa et s'assit face à Raphael qu'il fixa d'un air hagard et désespéré. Dans ces moments-là, selon son degré d'épuisement et la quantité de drogue absorbée dans la journée, Max pouvait devenir violent. Masquant son inquiétude, Raphael le regarda attraper entre les pages du livre de recettes une feuille recouverte de l'écriture de la grand-mère Valette.

— Osso-buco de Mme Tavernier, lut-il avec application. Trois tranches épaisses de jarret de veau, huit oignons.

Raphael comprit que Max ne voulait plus de lui dans la cuisine. Il voulait être seul pour étaler sa poudre sur la toile cirée et étendre sur le radiateur son torchon sans témoins.

Raphael sortit de la pièce et réussit in extremis à empêcher Louise de voir son cousin dans ses œuvres. Il l'entraîna dans le salon et lui demanda des nouvelles de son casting.

— Pas mal, dit-elle, comme surprise par sa chance. Pas mal du tout, même. J'aurai la réponse dans deux jours. Elle retira les chaussures de randonnée de Cécile puis sortit de son sac de sport un magazine qu'elle ouvrit sur une page cornée. Elle le tendit à Raphael qui découvrit sur le papier glacé une Louise en majesté au cœur d'une ville parfaite, utopie d'architecte où circulaient des gens heureux. Elle souriait bouche close et, les pieds joints sur un trottoir nickel, enfermée dans une bulle nacrée censée figurer son inviolable intimité, elle tenait un téléphone de marque collé à l'oreille.

— La mode est au figé, dit-elle. Au village planétaire. À l'homme de la rue, urbain et intégré dans un monde fluide et qui regarde droit devant lui. Je te répète ce que j'ai entendu pendant le tournage. Elle referma la revue et la remit dans son sac. Tu crois qu'il va se remettre à neiger ? demanda-t-elle en se massant les pieds.

— Je ne sais pas, soupira Raphael.

Louise parlait de la météo, de ses envies et de ses projets avec une aisance qui le déconcertait. Les mots sortaient de sa bouche sans obstacle, ceux-là mêmes qui faisaient que jamais de sa vie Raphael n'avait demandé à quiconque s'il allait recommencer à neiger.

Il entendit Max derrière la porte fermée de la cuisine renifler sa poudre. L'alerte était terminée.

4

Louise passait du visage de l'une au visage de l'autre comme on joue au jeu des sept erreurs. Les sœurs Valette se ressemblaient tellement que l'esprit s'affolait lorsqu'elles étaient assises côte à côte. Prises séparément, Françoise et Marie-Ange étaient la banalité même. Elles avaient l'air d'être nées fanées. En y regardant de plus près, on reconnaissait dans leurs traits un peu de leurs fils. Le nez long et fin de Max, les yeux de Raphael et les mains Valette aux longs doigts qui n'en finissaient pas. Les cheveux ternes et les ongles en amande des deux sosies semblaient pousser à la même vitesse et leur peau se rider aux mêmes endroits. Leurs organes devaient vieillir au même rythme, se dit Louise, silencieuse, hésitant entre fascination et horreur.

— Rita Hayworth ? s'étonna Marie-Ange en reprenant de l'osso-buco.

— Cette bonne vieille Rita ! ajouta Françoise en écho.

Louise s'aperçut que les deux sœurs observaient toujours la même chose en même temps. Sous leur double regard, elle n'en menait pas large.

— Tu te souviens dans *Gilda*, demanda Marie-Ange en lorgnant son double, ce fourreau de Jean-Louis en satin noir.

— Bien sûr ! Une robe dessinée d'après ? D'après ?

Françoise défiait sa sœur.

— Le portrait de Mme X de Sargent ! répondit Marie-Ange du tac au tac, comme dans un jeu télévisé. Et ce haut brodé en dentelle, dans quel film déjà ? Aide-moi. Un haut blanc très ajusté, sans manches avec un col rond.

— C'est dans *Ô toi, ma charmante*, dit Louise, prise au jeu.

— Mmm, marmonna Marie-Ange, ignorant la jeune femme.

— Elle avait de très beaux cheveux, de bonnes cuisses mais les chevilles fines, dit Françoise.

Marie-Ange acquiesça.

— Les actrices ont souvent de gros mollets et des chevilles épaisses. Certaines ont même de vrais poteaux. La Hepburn avait réglé le problème en imposant ses pantalons.

Les deux femmes éclatèrent de rire en secouant la tête. Elles avaient oublié qu'elles n'étaient pas seules, partageant avec un plaisir immense une succession de private jokes.

— On parle toujours des jambes de Dietrich ou de Cyd Charisse. Judy Garland aussi avait de très belles jambes, admit Françoise.

— Oui, mais elle n'avait que ça, la pauvre ! reprit Marie-Ange à mi-voix comme si l'actrice était dans les parages. Tu te souviens des chaussures rouges du *Magicien d'Oz* ?

Françoise leva les yeux au ciel d'un air béat.

— On en était tellement folles que votre grand-mère nous en avait fait faire à chacune une paire, dit-elle en regardant Raphael et Max.

Les deux sœurs se turent en même temps, soupirant d'aise et de nostalgie.

Louise les regardait, impuissante. Elle se sentait lésée et dépossédée de ses idoles. Ces deux femmes connaissaient tout, avaient tout vu et méprisaient ce qui leur avait échappé. Elles fichaient les bons et les méchants, les beaux, les laids, les stars et les étoiles filantes, réduisant en ragots moches les contes et légendes des dieux languissants de son Olympe. Elles avaient traité Cary Grant, l'amour de sa vie, de « vieille tantouse », et s'étaient moquées de « ce benêt de Glenn Ford ». Elles avaient taillé un invraisemblable costard à Gary Cooper en « vieux Casanova alcoolique et dégoûtant avec ses pantalons au-dessus du nombril et ses chemises de péquenots boutonnées jusqu'au col ». Personne n'avait trouvé grâce à leurs yeux, excepté Gene Tierney et sa silhouette de gamine. Sa bouche, ah ! Sa bouche, qui les faisait se pâmer d'un ravissement mutuel. Raphael et Max n'avaient pratiquement pas dit un mot depuis le début du dîner, passifs comme devant la télé.

Après un silence, Françoise souleva son assiette vide.

— C'est de l'Arcopal, ça ?

— Ça m'en a tout l'air, répondit Françoise.

Max expliqua qu'il voulait tester les accessoires du court métrage et qu'en effet c'étaient bien des assiettes Arcopal qu'il avait trouvées sur Internet. Il ajouta que la nappe faisait trop neuve et qu'il devrait la laver plusieurs fois pour l'amollir. Françoise passa la main sur le tissu.

— Cette manie du marron ! Je n'ai jamais compris. Tu te souviens, tout était marron à l'époque.

— Oui, ou orange, précisa Marie-Ange. Ou pire, marron et orange. Si possible en velours. Sale période. On est arrivées trop tard. Le métier était bien plus intéressant avant la couleur. En noir et blanc, il fallait que les tissus chatoient, que les drapés tombent parfaitement. On pailletait à tout va, on accrochait l'œil avec des rivières de strass. C'était autre chose ! Marie-Ange prit son verre qu'elle fit tourner devant ses yeux. Tu es sûr qu'ils sont assortis aux assiettes ?

— Absolument, répondit Max d'un air pincé.

Il ajouta qu'il lui manquait encore des accessoires.

Marie-Ange demanda comment s'appelait la costumière du court métrage, fit une grimace sceptique en entendant un nom qu'elle ne connaissait pas. Les sœurs Valette étaient assez amères et considéraient que le métier était mort avec elles. Après une carrière fulgurante, elles n'avaient pas vu le vent tourner et avaient disparu peu à peu des radars, en travaillant pour des films de moins en moins prestigieux. Elles avaient fini à la télé, dissimulant leur mépris derrière leurs doigts fuselés et les beaux restes de leur savoir-faire.

Max sortit d'un carton une poupée Barbie nue qu'il tendit à sa mère.

— Tu pourrais lui faire une robe du soir, un truc lamé et moulant ?

— 1968, c'est ça ? dit-elle en fourrant la poupée dans son sac.

Cécile arriva au moment où Max apportait le dessert. Les deux sœurs n'aimaient pas « la Lurçat », qu'elles trouvaient hostile et pas franche du collier. Elles ne comprenaient pas pourquoi cette femme de leur génération avait un droit de séjour permanent dans l'appartement de leurs fils. Il y eut un petit temps d'adaptation, un trou d'air salutaire qui modifia les équilibres. Cécile se montra très à l'aise et très drôle. Elle avait senti qu'il devait en être ainsi alors qu'en franchissant la porte du salon elle avait remarqué la raideur de Max et Raphael, cette posture droite et bloquée qu'ils adoptaient en présence de leurs mères. Ils attendent la fin, ils attendent qu'elles partent, c'est dans l'ordre des choses, pensa-t-elle.

Cécile avait finalement décidé de passer chez ses voisins pour soutenir Louise, nouvelle venue pas préparée à la rugosité Valette. Le regard perdu, la jeune femme avait l'air très mal en point, tendue à mort dans son col roulé, comme laminée par une rage de dents. Rosies par l'alcool et la fermentation acide de leur double monologue, les Valette la fixaient de leurs yeux glacés de husky. Les deux sorcières tuaient tout ce qui bougeait autour d'elles, duo rodé qui avait l'art de vaincre les spectateurs les plus aguerris. Dès leur première rencontre, Cécile avait éprouvé une répulsion instinctive à l'égard de ces répliquantes qui parlaient en sifflant, les bras croisés sur leurs restes de poitrine, mal coiffées par les mêmes mains, Anastasie et Javotte des temps modernes affublées de vêtements maison rescapés d'anciens tournages. Elle avait d'emblée détesté leur indifférence jouée envers leurs fils et le mal qu'elles leur faisaient.

Cécile s'en voulut de ne pas avoir prévenu Louise de la perfidie des deux dingues. Elle se dit qu'elle aurait dû lui expliquer que ces deux-là étaient indestructibles parce qu'elles se pardonnaient tout et qu'il était inutile de lutter. Dénuées de cette prudence des êtres uniques et, fortes de leur autarcie, elles pouvaient tout se permettre. Elles s'entraînaient l'une l'autre, comme des voyous. C'était leur force et leur faiblesse, pensait Cécile. Leur gémellité les privait de toute possibilité de s'amender, les poussant même à aller encore et toujours plus loin. Le scénario se répétait de dîner en dîner, tournant en général autour de leur carrière et de l'enfance de leurs fils. Elle avait aussi remarqué qu'elles ne se répétaient jamais. Les deux femmes avaient en réserve une quantité inhumaine d'anecdotes, une mémoire inépuisable entretenue à deux.

— Café ? demanda Max en repoussant brutalement sa chaise.

Il quitta la table, suivi du regard par tous les invités qui ne savaient plus où poser les yeux.

C'était mal connaître les sœurs Valette que d'imaginer qu'elles se borneraient ce soir-là à gloser sur les cuisses des starlettes. Max apporta les tasses, servit le café, le visage blême et grimaçant, concentré et silencieux. Cécile sentait dans l'air le sifflement de la grenade qui allait atterrir sur la table. Tous attendaient cet instant, sauf Louise qui croyait qu'une fatigue soudaine avait vaincu les énergies et les audaces. Françoise tournait une cuillère dans sa tasse d'un air malfaisant. Irradiant la malice, elle préparait son coup. À côté d'elle, Marie-Ange attendait, sereine oie blanche.

— Tu te souviens du jour où on avait tiré les rois. Vos pères étaient encore de ce monde. Tu te souviens, Raphael ? Tu avais eu la fève.

On t'avait donné la couronne et tu devais choisir ta reine. Je te revois comme si c'était hier te lever et poser la couronne sur la tête de Max.

Le rire de bon cœur des deux Valette couvrit un silence de fond, plombé et atroce. Puis elles échangèrent une série de petits mouvements de menton. Marie-Ange s'éclaircit la voix en toussotant.

— Bien, dit-elle d'un air grave inédit. Voilà. Françoise et moi avons quelque chose d'important à vous dire. Nous avons décidé de vendre cet appartement. Nous sommes conscientes, dit-elle très lentement, que vous adorez cet endroit mais primo, vous en avez fait un capharnaüm qui ferait hurler votre grand-mère si elle voyait ça et secundo, nos retraites sont indécentes et on a besoin d'argent.

— Quand ? demanda Max d'une voix blanche.

— On a contacté une agence. Les visites vont commencer ces jours-ci. Vous avez intérêt à mettre de l'ordre rapidement, ajouta-t-elle d'un ton nettement moins doucereux.

— On vous aidera à trouver autre chose, ajouta Françoise, qui, comme au commissariat, s'était attribué le rôle du gentil. Et puis, ce n'est pas un drame !

Cécile regarda les cousins, deux morts aux yeux vitreux empaillés sur leur chaise. Furieuse et outrée, elle alluma une cigarette pour donner une contenance à sa rage. Elle était persuadée que les deux vieilles étaient bourrées aux as et ne dépensaient rien. Il n'y avait donc aucune urgence à vendre et, à part vouloir provoquer un cataclysme dans la vie de leurs fils, elle ne comprenait pas leur décision. Elle considéra avec amertume qu'elle aussi en paierait les frais et se demanda comment elle avait pu vivre pendant trois ans avec eux, persuadée que c'était pour toujours. Elle se dit que Max et Raphael enracinaient tout ce qui les entourait.

Autour de la table, on accusa le coup, chacun pour soi et en silence.

Les deux sœurs se levèrent en même temps. Max leur apporta leurs manteaux. C'était alors, telle une scène réglée d'avance, que Max et Raphael leur demandaient des services. Et fragilisées par leur glose glauque, elles disaient oui à tout. Cécile aimait les deux cousins pour un tas de raisons mais leur façon de donner à leurs mères une chance de se refaire la bluffait plus que tout.

— Je suppose qu'on sera encore là au Nouvel An ? interrogea Max, un rien fielleux. Parce que je voudrais organiser une soirée déguisée pour le réveillon. Il nous faudrait des costumes.

Tous le regardèrent, perplexes. Personne n'avait entendu parler de cette nouvelle lubie. Cécile se demanda si Max n'avait pas trouvé en urgence une réplique à la bombe immobilière. Remarquant leur air déconfit, il éclata de rire.

— Personne n'aime les bals costumés ! lança-t-il en ouvrant la porte d'entrée.

Les sœurs Valette comprirent qu'elles allaient devoir payer l'addition au prix fort. Pour se venger, Max était capable de faire de l'appartement un champ de ruines avant de le quitter. Et en prime, de bousiller quelques-uns de leurs précieux costumes. Elles acceptèrent pourtant et partirent bougonnes, emmitouflées et bernées.

La porte refermée, Max rapporta une bouteille de whisky de la cuisine. Cécile qui s'apprêtait à rentrer chez elle ne résista pas au plaisir rare de boire à plusieurs. Un peu hébétée et avachie sur le canapé, Louise refusa de les accompagner. Cécile se cala à côté d'elle, diffusant alentour sa chaleur bienvenue. Elle lâcha deux ou trois compliments sur l'osso-buco de Max, signala que la neige avait recommencé à tomber. Tous étaient sonnés et imitaient la vie. Il fallait couvrir d'urgence les sifflements des sœurs Valette qui planaient encore autour de la table. Max respirait fort et tournait en rond dans le salon, sans quitter son cousin des yeux. Assis sur une chaise, invertébré et fourbu, Raphael semblait compter un à un les flocons bleutés qui tombaient mollement derrière la vitre. Max se planta devant lui, hésita. Puis il s'accroupit, posa une main sur le genou du jeune homme.

— Raphael ! Parle, s'il te plaît ! Ne t'inquiète pas. Elles ne nous foutront pas dehors comme ça.

— Tu sais bien pourquoi elles veulent qu'on parte, dit Raphael en défiant son cousin du regard.

Louise qui s'endormait releva la tête, saisie par le désespoir qui pointait dans sa voix.

— Bordel de merde ! hurla Max en se relevant brusquement.

Il balança un grand coup de pied à la table qui vacilla. Quelques verres volèrent et se brisèrent en éclats sur le parquet. Cécile se leva, agrippa le bras de Max et l'entraîna jusqu'à la cuisine après avoir attrapé au passage la bouteille de whisky.

Max s'affala sur une chaise. Il suffoquait et dévisageait Cécile d'un air malveillant. Elle s'arracha au regard fou furieux du jeune homme en sirotant un peu de whisky au goulot. C'était la première fois qu'elle le voyait dans cet état. Il y avait la perspective du déménagement bien sûr, mais qu'y avait-il derrière cette étrange histoire de galette des rois ? Quelle blessure les deux vieilles folles avaient-elles rouverte ? La mémoire de ces deux femmes était une prison pour leurs fils. Elles les empoisonnaient de souvenirs indiscutables, toujours validés par l'une ou par l'autre. Max grimaçait, secoué encore par ce tic horrible qui partait de son nez et déformait sa bouche en découvrant ses dents. Il ressemblait alors à un rongeur et le regarder était une torture. Cécile lui tendit la bouteille. Il avala une longue goulée du liquide ambré.

— Raphael s'éloigne, dit-il en posant la bouteille sur la table. Je ne sais plus où il est.

Sa voix tremblait d'inquiétude.

— Ce qu'elles font n'est pas tolérable. Je ne comprends pas. Je ne comprends pas, répéta Cécile en tombant sur une chaise à la manière d'un obèse épuisé par sa charge.

— Elles ont toujours été odieuses. Pourquoi ça changerait ?

Max et Raphael avaient été très jeunes livrés à leurs mères. Ils avaient perdu leurs pères à dix ans, morts ensemble dans un accident de voiture. Lorsqu'elle l'avait appris, Cécile s'était dit que les jumeaux faisaient de leurs conjoints des jumeaux consorts et elle avait trouvé logique que les deux hommes meurent en même temps.

— Au fond, c'est une bonne chose que vous quittiez cet appartement. Le chantage cessera, vous ne leur devrez plus rien. Je peux vous aider, me porter caution par exemple.

L'idée venait de mûrir, c'était la solution. Cécile rit de sa trouvaille.

— Et pourquoi feriez-vous ça ?

Sidérée par le ton glacial de Max, elle affronta son regard comme on croise le fer. Il y avait de part et d'autre une violence alcoolique dangereuse que Cécile, plus rapide et plus expérimentée, désamorça de justesse en détournant la tête. Elle sentit entre eux une distance incompréhensible qui lui fit soudain douter de sa légitimité. Elle était horrifiée mais n'en montra rien. Depuis trente ans qu'elle jouait au professeur de littérature devant des salles combles, elle avait appris à avoir des yeux dans le dos et surtout à ne jamais baisser la garde. Elle attendit que la tension retombe en se goinfrant d'un reste de baba au rhum qu'elle fit descendre avec un peu de whisky. Elle essaya d'imaginer ce que Max voyait. Une vieille folle saoule, pensa-t-elle, qui voulait lui donner son argent en échange de son affection. Un brusque sursaut d'orgueil lui remit le dos droit et les idées en place.

— Méfie-toi de la tentation romantique, Max. Ne ris pas, je suis très sérieuse. Ce désespoir heureux qui s'habite comme un intérieur confortable vous tuera tous les deux. C'est une très mauvaise habitude, tout au plus. Une très mauvaise habitude déguisée en comédie légère. Je ne connais pas vos tristes secrets et je ne veux pas les connaître. Sache en tout cas qu'il y a de mauvais bonheurs. Est-ce que tu comprends ce que je veux dire, Max ?

— Qu'est-ce qui vous fait croire que j'y suis pour quelque chose ? On me rend toujours responsable de tout. Parce que je suis celui qui parle, on croit que je suis celui qui décide.

Ils entendirent alors la fenêtre s'ouvrir brusquement dans le salon et sortirent en courant de la cuisine. Raphael était sur le balcon et regardait la neige tomber.

Max poussa un long soupir de soulagement que Cécile reprit en écho. Ils avaient pensé à la même chose.

5

Max devait arriver tôt à la brocante du 15e pour prendre de vitesse les marchands vifs éclair qui raflaient tout dès l'ouverture des portes. Debout à six heures, il prit son café au milieu du carnage dans l'appartement silencieux. Une sourde angoisse lui serra la gorge en repensant au dîner de la veille. Chacun avait fini la soirée dans ses limbes. Raphael, zombie égaré et morose, s'était finalement traîné sans un mot jusqu'à sa chambre et Louise s'était évaporée sans prévenir. Le scénario se répétait, inchangé et toujours aussi prévisible. Raphael jouerait la mémoire courte, rongé de l'intérieur par des aigreurs qu'il garderait pour lui. Inlassablement, les Valette continueraient à enfoncer leurs aiguilles de couturières dans son pauvre cœur pour y broder d'affreuses images et obtenir les aveux qu'elles attendaient depuis des années. Ces deux folles voulaient juste savoir et se ficheraient ensuite de savoir pourquoi. C'était en public et sur Raphael qu'elles s'acharnaient parce qu'il était le plus fragile. La veille, elles n'avaient pas hésité à mentir pour le faire craquer. Max se souvenait très bien avoir posé la couronne sur la tête de son cousin et non l'inverse comme elles l'avaient prétendu. Elles ne se lasseraient jamais de les torturer, incapables de comprendre que pour eux le poids du secret était moins lourd à porter que celui de la vérité.

Max balaya les éclats de verre, débarrassa la table, lava avec une minutie maniaque les traces de rouge à lèvres nacré sur les verres de Françoise et Marie-Ange avant de les poser sur l'égouttoir. Puis il se ravisa, les essuya avec la même minutie et les rangea dans le placard, laissant le reste à Louise et à Raphael.

Le ciel bas et la neige encore vierge donnaient à la ville une allure soviétique. La camionnette sentait la vieille clope froide. Max s'était fait une liste de petits objets à trouver rapidement pour le tournage. Il refusait de se fournir systématiquement chez les loueurs et perdait beaucoup de temps à chercher ailleurs les accessoires dont il avait besoin. Il avait appris à repérer dans les films les trucs de décorateurs, les scénarios médiocres qu'on planquait sous des décors chiadés pour cacher la misère. Ce con de Bréguet se prenait pour Visconti et courait à toutes jambes dans le panneau. Max avait bien l'intention de ne pas le laisser faire. La scripte était de son côté. Quant à la costumière, il avait couché avec elle trois ans plus tôt et elle avait l'air tout à fait prête à remettre ça. Bréguet n'avait qu'à bien se tenir, pensa-t-il en démarrant la camionnette, car le trio avait des années de métier auquel il ne pouvait prétendre.

Il faisait très froid dans le hangar et les exposants n'avaient pas fini d'installer leurs stands. Max sortit sa liste pour se la remettre en tête. Il fallait trouver pour presque rien un cendrier, un paquet de cigarettes Française pour madame, des Celtique pour monsieur et un saladier pour les champignons à la grecque. Si Bréguet avait des ambitions de nabab, le budget qu'il avait alloué aux décors était calamiteux.

Max se promena entre les allées, croisa des marchands qu'il connaissait de vue, trouva assez rapidement un cendrier, faux Vallauris en céramique noir pour quelques euros. Il adorait son métier et chinait aussi pour des tournages à venir, engrangeant dans la cave et dans l'appartement des objets qu'il utiliserait plus tard, dépensant de l'argent qu'il n'avait pas encore. Cette frénésie jamais assouvie ressemblait à celle du joueur qui connaît la valeur de l'instant, la chance à saisir qui ne se représentera pas. Il fallait alors compter vite, penser vite, acheter avant l'autre. Il fallait mater ses nerfs, rejeter le doute qui voletait comme un insecte autour de lui. Il ne trouva pas les paquets de clopes qu'il cherchait mais des boîtes d'allumettes siglées des Jeux olympiques de Grenoble. Ça collait pour les dates, il allait quand même vérifier. Max s'inquiétait des anachronismes les plus futiles et s'était fait dans le milieu une réputation d'« enculeur de mouches » qu'on trouvait finalement précieuse. Il appela Natacha la costumière pour lui signaler un tablier intéressant pour Madame. « En coton bleu clair avec poches plaquées en vichy bleu marine. » Elle apprécia mollement d'être réveillée aux aurores pour une « blouse qui allait jurer avec la tapisserie ». Elle proposa à Max de passer prendre un café après ses courses. Il refusa gentiment, acheta le tablier, au cas où. Alors qu'il faisait le point du fait et du à faire en prenant un café à la buvette, il remarqua la petite foule qui commençait à envahir le hangar. Jouant des coudes et marchant à petits pas, les gens étaient venus malgré la neige et le froid. Max compta ses trésors, il était content. Il hésita entre partir et refaire une rangée qu'il avait parcourue superficiellement. Il décida de faire un dernier tour, s'engouffra dans l'allée, zigzaguant entre les badauds pour s'approcher des stands. Il vérifiait l'état d'un lot de serviettes de table quand une douleur sourde lui barra la poitrine. Le souffle coupé, il s'immobilisa quelques secondes au milieu du flux pour déplier son thorax et faire circuler l'air entre ses côtes. Bousculé par un couple pressé, il s'abattit un peu violemment contre une table à tréteaux et renversa une pile de livres. Le type du stand le regarda les ramasser sans lever le petit doigt. *Élever son enfant*, *Les Adolescents difficiles*, un ouvrage sur le couple en crise, la ménopause, le divorce, la dépression, Max reconstitua en empilant les volumes la vie de l'homme aux longs cheveux blancs qui attendait le client, assis sur un pliant. Il s'enfuit, à l'arrache, dans l'embouteillage des corps lents qui semblaient volontairement faire obstacle à son besoin de prendre l'air. Transpirant dans sa veste fourrée, il sentait la crise arriver. Il repéra la sortie, au bout du monde. Une main plongée dans la poche de son pantalon il se faufila dans la foule en comptant mentalement sa monnaie, une technique inventée pour maintenir la panique à distance. Mais ce matin-là, les pièces se mélangeaient sans cesse et il devait compter et recompter les petites, les grosses et celles qui se perdaient dans les plis de ses billets de vingt euros. Bloqués au milieu de l'allée, les gens prenaient le temps d'observer ses grimaces. Max connaissait bien les regards mi-inquiets, mi-amusés de cette population détestable qui, trop intéressée par le spectacle, oubliait en général que lui aussi les regardait. La transpiration lui piquait la nuque, ses sourcils le démangeaient. Il ouvrit le zip de son blouson, leva la tête, chercha par le haut une trouée de lumière. Fixant la porte d'entrée du hangar, il rentra sauvagement dans le tas en geignant, indifférent à l'hostilité et aux réflexions qui fusaient de toutes parts. Enfin dehors, la lumière aveuglante, l'air glacé peut-être, Max, pris de vertige, vomit contre le mur. Il tituba jusqu'à la camionnette et, les mains accrochées au volant, essaya de calmer leur tremblement. En comptant ses respirations, il reprit peu à peu le contrôle de chaque centimètre de son corps. Louise qui en connaissait un rayon sur le trac et comment le maîtriser, lui avait appris à visualiser ses membres et même à réaliser mentalement des postures de yoga sans bouger un seul doigt.

— Je deviens fou, murmura-t-il en démarrant.

Max n'avait pas de marge de manœuvre et le savait. Il louvoyait pour contourner les difficultés après une enfance traînée de psy en psy par Marie-Ange ou Françoise qui se coltinaient les salles d'attente chacune son tour. Hyperactif, disait l'un, manque de confiance en soi, surdoué, anémié, chaque médecin avait eu son dada. Après l'avoir regardé jouer aux Lego en prenant des notes, ils lui avaient parlé comme à un adulte au format de poche. Il y avait eu des accalmies, des mois entiers sans grimaces et sans tocs, des périodes bénies sans tout compter et sans tourner autour des traces de chewing-gum sur les trottoirs. Mais Max savait qu'au fond l'enfer n'avait jamais varié. Ses obsessions secrètes et pernicieuses se succédaient depuis l'enfance sous le regard des Valette, convaincues de lire ses pensées détraquées sur son visage en désordre. On l'avait désigné une fois pour toutes comme unique réceptacle de la folie familiale et personne ne s'était jamais inquiété de la concentration inhumaine de Raphael ou de ses silences d'autiste. Les mains accrochées au volant dans les rues blanches et glacées de la ville déserte, Max ne comprenait toujours pas comment le mutisme de son cousin avait échappé à tout le monde. Il repensa à sa crise d'angoisse dans le hangar. L'agoraphobie était la plus préoccupante de ses terreurs car il était tout aussi incapable de demeurer enfermé dans l'appartement. La coke était à double tranchant, onguent ou accélérateur d'angoisse, c'était selon, et l'alcool le rendait de plus en plus violent et incontrôlable. Il se dit que la veille, dans la cuisine, il avait eu envie de tuer Cécile. Sa violence à l'encontre de cette femme prodigieuse était une pensée intolérable. Il avait voulu détruire le seul être qui ne laissait jamais ses yeux se perdre dans ses grimaces quand elle parlait avec lui. Accablé par l'addition de tous ses maux, Max chercha une solution de rechange valable pour la journée et trouva sur son téléphone l'adresse de la costumière.

Contrairement à ce qu'il avait cru, Natacha ne lui avait pas proposé de passer pour coucher avec lui mais pour parler du tournage hors d'oreille de Bréguet. Dans le studio mansardé de la jeune femme, ils passèrent une partie de l'après-midi à vaquer sur des brocantes en ligne et des sites de collectionneurs compulsifs. Natacha était une fille douce et drôle droguée à l'Earl Grey et qui avait eu la délicatesse de ne pas revenir sur leur vieille histoire. Assis à côté d'elle devant l'ordinateur, Max eut à plusieurs reprises envie de la toucher, de caler son visage entre son cou et son épaule et d'embrasser sa belle peau d'hiver, blanche et soyeuse. Vers dix-huit heures, c'est elle qui couvrit sa main de la sienne sur le clavier. Max hésita.

— Juste une fois, promit-elle en éteignant l'écran.

Après son cours, Louise acheta des chaussures de marche et décida de rentrer à pied pour s'y habituer. L'atmosphère confinée du studio de danse, les odeurs de transpiration, la musique à fond et les cris du professeur de claquettes lui avaient mis les nerfs en pelote. Dans ses écouteurs, Chet Baker susurrait « *I'm old fashioned* » avec une voix de fille. Elle se repassa mentalement les figures qu'elle avait répétées des dizaines de fois, ce matin-là, jusqu'à l'épuisement. Ses insomnies commençaient à lui coûter cher et quand elle réussissait enfin à s'endormir, Max squattait ses rêves, aussi agaçant qu'une rayure sur un verre de lunettes. Il n'était pas le genre d'homme qu'elle avait prévu de rencontrer. L'été précédent, lorsqu'elle avait attrapé le bouquet lance dans la foule lors du mariage de son amie d'enfance, elle avait exhibé son trophée, certaine d'être la prochaine en robe blanche. Mais Max était hors prédiction, une impossibilité dangereuse, un suceur de sang qui l'anémiait petit à petit. Il ne la prenait pas au sérieux, l'écoutait d'une oreille distraite en la regardant de biais, l'oubliait sur les canapés et ignorait ses efforts pour se conformer aux rites de l'appartement. Elle pensa à ces filles qui, au lycée, prenaient plaisir à s'abîmer dans des histoires impossibles en s'humiliant jusqu'à la lie pour des garçons qui les apercevaient à peine. À l'époque, Louise avait méprisé leur entêtement mais enferrée dans son obsession nouvelle, elle commençait à comprendre leurs souffrances masochistes et leur délirante envie d'en découdre. Elle se sentait capable de guérir le corps supplicié de Max. Grâce à elle, il ne serait plus ce prisonnier ligoté par ses nerfs mais un danseur mondain ailé et calme, avatar consentant et émerveillé, lavé de tous ses tics.

Un peu fébrile et prise de vertige, elle s'adossa contre une porte d'immeuble. Son téléphone sonna dans la poche de sa parka. Damien, encore, qui continuait à l'appeler chaque semaine depuis leur rupture. Elle écouta son message, toujours volontaire malgré les rebuffades et les silences. Il avait déposé à l'accueil du théâtre deux billets à son intention pour son concert parisien. Il espérait qu'elle viendrait. Rincé par sa tournée en province, il comptait décompresser en restant quelque temps au calme à Paris.

Damien Grandhomme, en passe de devenir un pianiste renommé, l'avait prise de vitesse. Il donnait des concerts à l'étranger et signait des autographes dans des festivals. Sa carrière décollait alors qu'elle végétait dans des studios de quartier. Louise avait rencontré Damien au lycée. Star du conservatoire de Bordeaux dès sa petite enfance, le jeune homme infantile et ralenti avait déployé une volonté inattendue pour lui faire une place dans sa prison d'exception. Sûre d'elle et de son charme, elle avait accepté de le voir et lui avait de son côté trouvé une place dans sa vie de fille très populaire, en cloisonnant les deux mondes. Damien au piano et Louise sur ses pointes, ils avaient trimé côte à côte pour perfectionner leur art et s'offrir un jour à l'incrédulité de ceux qui ne créent rien. Ensemble, ils avaient compris qu'ils voleraient toute leur vie avec des ailes de plomb qu'aucune réussite n'allégerait jamais. Ils avaient fini par coucher ensemble, lui pour la première fois, elle en baroudeuse. Bordeaux semblait si loin, pensa-t-elle en regardant ses chaussures s'abîmer déjà, brûlées par la neige. Louise avait quitté quelques mois plus tôt cet homme hybride et prétentieux, grandi comme une plante de serre qui continuait à l'appeler comme si de rien n'était. Damien ne connaissait pratiquement rien à la vie en dehors de son art et elle continuait à lui raccrocher au nez quand elle était exaspérée. Pourtant, pendant ses insomnies, il lui arrivait de penser à lui, entre fierté d'être celle que la notoriété n'effaçait pas et le risque qu'il lui file entre les doigts. Elle admettait mériter cette possible sanction. Il finirait par ne plus accepter d'être rudoyé d'une part et adoré de l'autre. Louise décida qu'elle irait au concert. Avec Max.

Dans le salon Valette, Frank Sinatra annonçait un Noël blanc à tout l'immeuble qui en vibrait d'émotion. Dès qu'elle poussa la porte de l'appartement, Louise eut une pensée pour Cécile qui peut-être essayait de se concentrer sur ses copies. Raphael et Max, hilares, décoraient le sapin en chantant à tue-tête. L'arbre ployait sous des guirlandes lumineuses glanées sans doute par Max ici ou là dans des ventes. Renonçant à parler dans le vacarme, elle admira les boules merveilleuses qui dataient d'avant sa naissance, respira l'odeur de pin, sentit dans l'amoncellement de joyaux la collection de plus, sortie d'un carton de Pandore et enrichie chaque année de nouvelles trouvailles. Raphael avait l'air totalement remis de son coup de blues de la veille comme si la décision de vendre l'appartement était une blague de mauvais goût déjà oubliée. Louise se dit que ces deux-là n'avaient besoin de personne et qu'une fois installés ailleurs, ils recréeraient instantanément leur monde clos et y reproduiraient leurs rites à l'identique. Refoulant une forte envie de pleurer, elle fit bonne figure et joua la petite main en tendant les décorations à Max, monté sur un escabeau. Puis elle s'enferma dans sa chambre sans dîner et attendit que Raphael soit couché et Max sorti pour retourner dans le salon.

Louise n'avait jamais eu de problèmes de sommeil avant de quitter Bordeaux. Après des années passées dans une maison de village au milieu des vignes, le bruit continu, la rumeur de fond comme un orage lointain, l'avaient frappée dès son arrivée à Paris. Elle faisait l'expérience des territoires perturbés, de l'intimité contrariée, des voisins du dessus, du dessous, des voitures qui passaient nuit et jour sous les fenêtres de l'immeuble. Elle avait souvent la sensation d'être dedans et dehors en même temps et sentait qu'il n'y avait plus de limites précises entre ici et ailleurs. Aux aguets les premières nuits, elle avait écouté le souffle de ventouse de l'ascenseur derrière le mur et senti le métro vibrer dans son ventre. Les sirènes, avec en bout de course des drames affreux et sans cesse renouvelés, la réveillaient en sursaut. Elle s'était sentie terriblement seule dans sa petite chambre, plus abandonnée qu'au cœur d'un désert dans la ville qui la rapetissait. Éveillée pendant des heures, elle découvrait que la nuit était un désastre pour ses sensations qu'elle sentait enfler jusqu'au malaise. La nuit pliait les espoirs de la veille et ajournait tous les projets. Après une semaine chaotique dans l'appartement, elle décida de se shooter en sourdine et sortit sa collection de films américains d'un carton qu'elle trimbalait partout.

Louise avait été initiée très tôt à la magie hollywoodienne par sa tante, propriétaire et projectionniste d'un cinéma d'art et d'essai de Bordeaux. Vieille fille et folle de Louise, elle lui avait bourré le crâne de ses propres obsessions, gourou virulent et cinéphile calée. Lorsque Louise découvrit Rita, Fred et les autres, elle demanda à sa tante de laisser tomber le reste. Ensemble et tous les week-ends, elles s'empiffrèrent de duos dansés et de chorégraphies prodigieuses que Louise reproduisait ensuite devant la glace de sa chambre. Sa tante mourut quelques années plus tard, léguant à sa filleule et nièce la totalité de ses enregistrements.

Louise choisissait ses films de la nuit selon son humeur et ses manques. Allongée sur le canapé du salon Valette, elle anticipait les scènes, murmurait les répliques, attendait le regard en gros plan qui la ferait tout à l'heure chavirer. Cary Grant et Ingrid Bergman, jeunes et moins jeunes, chaque fois plus amoureux. Cary Grant et Katharine Hepburn pour rire. Cary Grant pygmalion et Audrey Hepburn en éternelle jeune fille un peu crispante. Cary Grant et Deborah Kerr, comme elle s'imaginait plus tard, follement anglais et élégants. Bogart trempé dans son trench, voix off revenue de tout, aux pieds d'Ava Gardner. Gene Kelly et Debbie Reynolds à copier, scène après scène. Charles Boyer et Jennifer Jones, doux dingues aux mille répliques qu'elle réapprenait sans cesse. Et Rita, Rita again and again, involontaire pin-up au grand cœur qui ne savait pas quoi faire de ses bras.

Ce soir-là, elle regardait *A star is born* pour James Mason qui avait des affinités avec Max et pour un sapin de Noël qui ressemblait à celui de l'appartement. Elle entendit une clé chercher la serrure de l'entrée. Max, justement. Il sortait presque toutes les nuits et elle le voyait souvent filer directement dans sa chambre, chancelant et l'ignorant, sans allumer dans le couloir. Parfois, il consentait à rester avec elle quand le film l'intéressait. Que faisait Max la nuit ? Qui voyait-il ? Max et Raphael ne recevaient personne chez eux et Louise ignorait s'ils avaient des amis. Raphael lui avait dit que son cousin taguait avec des potes les murs du quartier, sans entrer dans les détails.

— C'est quoi ? demanda Max en s'asseyant à côté d'elle.

Il avait relevé les jambes de Louise et les avait posées sur ses genoux. Max fixait l'image, énervé mais disponible.

— *A star is born*. C'est la grande scène. Judy Garland essaie de lui redonner goût à la vie. Elle lui rejoue la comédie musicale qu'elle est en train de tourner dans le film et utilise tout ce qui lui tombe sous la main pour mimer les scènes. C'est complètement dingue.

— C'est James Mason ?

— Oui. Il joue son mari, un acteur alcoolique que plus personne ne veut faire tourner. C'est un film extrêmement triste.

— Tu l'aimes ? murmura-t-il sans détacher les yeux de l'écran.

— Oui, énormément.

— Qu'est-ce qui te plaît chez lui ?

— J'aime son allure fiévreuse, l'élégance de sa voix, sa fragilité féminine. C'est un homme perpétuellement las même quand il est gai. Il est très ambigu et capable du pire.

Louise était au-delà des fourmis dans les jambes, immobile et prisonnière des mains de Max, toujours posées sur ses mollets. Le plus imperceptible mouvement pouvait détruire cet instant très rare. Respirant à peine, elle le laissa sans intervenir découvrir jusqu'à la dernière image les plans et les répliques qu'elle connaissait par cœur. Elle ne le quitta pas des yeux jusqu'à la scène finale, déchirante et inoubliable où Mason hurle sans bruit dans le silence de la nuit, juste avant de se suicider.

Louise prit la télécommande sur la table basse et éteignit la télévision. Max eut ce petit rire impossible qui précédait la flèche ironique mais il quitta la pièce sans un mot, pensif et concentré.

6

Cécile s'était couchée tard et accusait le coup. Elle avait déjà cassé un bol et manqué deux fois de s'ébouillanter avec la cafetière. Énervée et en retard, elle fouilla dans un petit panier d'osier, nid de serpents grouillant qui lui servait de boîte à bijoux. Les mains plongées dans un tas de colliers et de bracelets entremêlés, elle cherchait sa deuxième boucle d'oreille en vermeil.

— Je l'ai ! cria-t-elle, vengeresse.

Elle s'examina une dernière fois dans la glace, satisfaite de l'ensemble et de l'effet des boucles qui se balançaient discrètement entre ses mèches auburn. Quand elle donnait ses cours dans l'amphithéâtre, Cécile choisissait avec soin son costume de scène, aussi orgueilleuse qu'une tragédienne vieillissante.

Elle mit ses lunettes pour vérifier son trait d'eye-liner, s'aperçut qu'il était plus épais sur la paupière gauche. Tout en rectifiant l'autre œil, elle entendit à la radio la voix de 7 h 30 annoncer la mise en examen d'un homme d'affaires dont le nom ne lui était pas inconnu. La morgue du présentateur cachait mal son excitation face à un scandale en route pour quelques jours. Elle enfila ses après-skis en moumoute blanche, marcha jusqu'au parking en priant pour que personne ne la croise déguisée en yéti.

La ville déjà crasseuse à huit heures du matin et le ciel sale lui plombèrent le moral. C'était son dernier jour de cours avant les vacances. La perspective des fêtes ne la réjouissait pas mais au moins, se dit-elle, elle pourrait dormir. Elle monta dans la voiture, démarra, alluma le chauffage et se cala au mieux pour une demi-heure de route. Elle aimait cet entre-deux qu'elle passait à réfléchir. Elle pensa à ses cours et aux thèses qu'elle suivait. À Raphael, à Max, au plaisir infini qu'elle prenait en leur compagnie et au bonheur qu'on trouvait sur le tard, à un âge où les autres déclinaient en ressassant leurs illusions perdues. Elle pensa à l'amitié inespérée qui se dessinait avec Louise, cadeau de Noël avant l'heure. Cécile avait adoré écouter sa voisine, multipliant les arrêts sur image, lui expliquer les mille et une finesses de *Gilda*. L'intellectuelle qu'elle ne cessait jamais d'être s'était laissé bercer et berner par un film aux ressorts pauvres qu'elle avait voulu voir avec les yeux de la jeune femme. Louise, la midinette sortie de nulle part, collée contre elle sur les canapés, lui soufflait à l'oreille un rôle de mère qu'elle trouvait étrangement familier. Les répliques venaient d'évidence, simples et faciles. Cécile se laissait faire, étonnée de se sentir à la hauteur.

Elle resta plusieurs minutes coincée sur la place de la Concorde où des voitures abandonnées obstruaient la chaussée. C'est fou cette neige, on n'a jamais vu ça, murmura-t-elle. Immobilisée derrière un camion de dépannage, elle rêvassa en regardant un sapin armorié de boules irisées devant la façade de l'hôtel Crillon. Une ombre passa, celle de son départ pour Londres où elle devait aller pour les fêtes avec son frère et sa mère gâteuse, une horreur qui revenait chaque année et réveillait un volcan de culpabilité et d'angoisse. Elle se demanda comment elle les trouverait. Les vieux changent à la même vitesse que les bébés, se dit-elle. Sans la consulter, son frère avait quelques mois plus tôt quitté l'appartement familial de Kensington et déménagé dans un appartement moderne de Canary Wharf avec cette pauvre femme qui l'avait à peine reconnue l'année précédente. Elle chassa son cauchemar en allumant la radio et écouta des météorologues parler de la neige qui paralysait toute la région. Eux aussi disaient qu'on n'avait jamais vu ça.

Elle se gara, changea de chaussures, tomba nez à nez avec Paule Divoire en sortant de sa voiture. Elle détestait sauvagement sa collègue de littérature anglaise qui portait des jupes toujours trop courtes sur un ventre que Cécile imaginait rongé de maladies féminines. Tout en suivant les mouvements de sa bouche couverte d'un rouge orangé qu'elle avait fait déborder pour en améliorer la ligne, elle écouta la Divoire se plaindre du mauvais temps et parier sa chemise que les salles de cours seraient désertes.

— Tu vas au raout chez le recteur ? demanda-t-elle.

— Oui, répondit Cécile.

Mais à la différence de la Divoire qui semblait y discerner la marque d'un délicieux privilège, elle n'y voyait que la perspective d'un cocktail cul serré, pénible et interminable.

Cécile prétexta son retard pour filer, parcourut l'allée déblayée jusqu'au grand hall, respira un grand coup puis entra dans l'amphithéâtre comme on entre en scène après les trois coups.

Raphael marchait d'une pièce à l'autre, savourant ce plaisir rare d'être seul dans l'appartement. Il avait le don de faire abstraction des autres mais lorsque le silence était réel et la solitude tangible, il appréciait le délicat miracle. Il pensait mieux aux autres en leur absence et traînait de pièce en pièce à la recherche d'indices, de petites traces laissées ici ou là par ses colocataires. Dans la chambre de Louise, une pile de vêtements jonchait le lit d'où émanait une forte odeur de parfums mélangés. Elle avait punaisé sur les murs des photos glacées en noir et blanc d'acteurs américains, tous morts depuis longtemps et qui renaissent, éternellement jeunes, à chaque génération. Il se dit que ni lui ni Max n'étaient à la hauteur de la gentillesse de cette fille. Elle souriait tous les jours et cachait soigneusement cette fatigue qui lui creusait les yeux un peu plus chaque matin. Elle rentrait cassée de ses cours de danse, ne se plaignait jamais, virevoltant d'une pièce à l'autre en parlant pour les murs. Beaucoup auraient claqué la porte à la première vanne de Max et personne n'aurait supporté plus de quelques heures son propre mutisme. Il avait vu Louise vaciller plus d'une fois, surprise et blessée, sous les mots en épine de son cousin, puis se reprendre. Il connaissait la violence de Max et prenait les coups avec elle. Tous les deux étaient des victimes conciliantes, incapables de se protéger de sa folie. Il se demanda où irait vivre Louise une fois l'appartement vendu. Accablé de tristesse, il se posa la même question pour lui-même. Max allait profiter de l'occasion pour l'abandonner et il se dit qu'il n'y survivrait pas.

Raphael s'assit sur le lit pour regarder une photo encadrée posée sur la table de nuit. Un portrait de Louise souriante, en gros plan devant la mer. Il se demanda comment et pourquoi on pouvait dormir à dix centimètres de son propre visage. Perdu dans ses pensées, il mit plusieurs secondes à entendre qu'on sonnait à la porte. C'était l'heure du courrier mais il ne reconnut pas le toucher long et délicat de Nadège, la factrice gauchère, Hermès androgyne et figure du quartier. La gardienne avait l'habitude de sonner deux coups légers, Cécile un coup bref et les sœurs Valette deux coups secs. Louise frappait toujours pour prévenir de son arrivée, avant d'utiliser ses clés. Inquiet, il marcha jusqu'à la porte, hésita avant d'ouvrir.

Un type en caban à col de mouton lui souriait comme s'il le connaissait. Derrière lui, un trio tout aussi inconnu inspectait le couloir.

— Dominique Fouché, Agence Turpin, dit-il en entrant dans l'appartement. Votre mère vous a prévenu ? demanda-t-il, surpris par l'air ahuri du jeune homme.

Les sœurs Valette n'avaient pas traîné pour mettre leur menace à exécution et l'appartement était dans un bordel indescriptible. Raphael prit le parti de ne pas s'en excuser, affecta une indifférence à peine polie et retourna travailler sans un mot de plus. Pas formalisé et sans doute habitué aux propriétaires mal embouchés, contraints de vendre vingt ans d'une vie qui à leurs yeux n'avait pas de prix, l'agent immobilier ignora Raphael et guida dans le salon encombré un homme très rouge suivi de deux femmes entre deux âges. Muni d'un cahier, d'un mètre et d'un appareil photo, l'homme du trio s'excusa sans plus d'ouvrir les placards et les fenêtres. Il demanda à tous de se taire une minute pour « évaluer le potentiel de calme ». En contournant Raphael, la femme jeta à la volée un coup d'œil admiratif à la poupée mécanique. Ils firent le tour de l'appartement et vidèrent les lieux en coup de vent. De nouveau seul, Raphael se dit qu'il ne supporterait pas longtemps le furetage des inconnus dans sa maison. Ceux-là l'avaient salué comme un locataire de passage, surnuméraire déjà à moitié viré.

Le bras mécanique de la poupée avait un léger soubresaut à mi-course. Momentanément sauvé par son extrême concentration, rempart fragile mais efficace contre les acheteurs qu'il sentait rôder tels des vautours autour de son terrier, Raphael passa un long moment à démonter et remonter une à une toutes les pièces du mécanisme.

Un peu plus tard dans la matinée, on sonna encore, délicatement cette fois.

C'était comme si une congère s'était formée dans le couloir. Eva, légèrement penchée en avant, le fixait en souriant.

— Je suis venue voir mon tableau.

Après un instant d'absence, Raphael la fit entrer. Elle tenait à bout de bras un gros sac de voyage.

— Je n'ai pas encore eu le temps de m'y mettre, s'excusa Raphael.

Il n'osait pas regarder sa cliente. Enveloppée dans un précieux manteau blanc, elle dégageait une étrangeté et un silence intérieur effrayants.

Elle s'approcha de lui comme pour le rassurer et lui prouver sa réalité. Puis ils observèrent le tableau sans rien dire. Raphael faisait rarement l'effort de parler mais il consentit à faire une exception car il partageait avec Eva des souffrances identiques.

— Je vais d'abord nettoyer la surface pour alléger la couche de vernis, dit-il en passant la main sur la toile. Je pense que des retouches ont déjà été faites. Je peux les supprimer. Qu'en pensez-vous ?

— Faites ce que vous voulez, Raphael.

— La couche picturale est très craquelée. Là et là, surtout. Il passa un doigt dans une fente verticale. Le mieux est de les boucher avec du mastic pour égaliser la surface. En pilotage automatique, Raphael s'entendait parler sans efforts. Il y a une autre technique qui consiste à incruster du papier coloré à l'aquarelle qu'on colle sur la toile. C'est beaucoup plus long et vous êtes pressée, je crois. Vous ne m'avez pas dit ce que vous vouliez que je fasse pour le visage. Il est irrécupérable. On peut le laisser tel quel. Cela donne un côté inachevé et mystérieux, vous ne trouvez pas ?

Raphael l'appelait à l'aide et elle ne s'en rendait pas compte. Elle regardait par la fenêtre la neige tomber sur les arbres du square.

— Je me dis toujours que lorsqu'il neige quelque part, il neige pour tout le monde. La pluie, la neige, le vent font que nous ne sommes jamais seuls. La nature nous rassemble. Je voudrais rester ici, dit-elle d'une voix à peine perceptible. Je vous en prie.

Raphael sentit que cette femme tranquillement désespérée faisait une dernière tentative pour sortir la tête de l'eau avant de se laisser couler. Sa solitude lui apparut si familière qu'il lui répondit oui, sans hésiter. Il lui expliqua qu'il ne vivait pas seul, lui parla de Max, de Louise. Elle l'écouta sans intervenir, c'était sa manière d'être, que Raphael comprenait. Puis elle lui demanda où elle pouvait se reposer une heure ou deux.

Il débarrassa rapidement sa chambre, entassant dans l'entrée des vêtements pour quelques jours. En silence, elle le laissa changer les draps et faire de la place sur la table de nuit. Elle enleva son manteau, refusa le thé qu'il lui proposait. Raphael comprit qu'elle voulait être seule et referma doucement la porte derrière lui.

De retour dans le salon, il mesura les conséquences de la folie qu'il venait de commettre. Il était inquiet de la réaction de ses colocataires mais aussi satisfait de la présence d'Eva. Raphael était un rêveur éveillé qui, dans une fulgurance, s'était imaginé que l'arrivée de l'étrangère les riverait un peu plus fortement à l'appartement. Il essaya de joindre Max pour le préparer à l'improbable installation d'Eva. Son téléphone était éteint, classique de Max qui coupait les ponts pendant des heures. Il détestait cette nouvelle obligation d'être joignable et s'amusait d'un simple geste à être encore plus introuvable qu'avant.

Eva silencieuse au fond de l'appartement et Max dans la nature, il décida de se remettre au travail. L'antiquaire du 6ᵉ avait appelé tôt le matin pour avoir des nouvelles de sa couronne de mariée, d'un ton qui ne faisait aucun doute sur son impatience. Raphael n'était pas mécontent de devoir s'y attaquer en priorité. Tout ce qui lui permettait de repousser le travail sur la toile d'Eva le soulageait. Il savait qu'il était incapable de remettre le tableau en état. Il aurait dû la prévenir mais, il venait d'en avoir la preuve, il était impossible de refuser quoi que ce soit à cette femme qui ne savait même pas faire son lit. Servie sans cesse et fragilisée par la dépendance, elle donnait l'impression qu'un refus serait un coup de vent sur un château de cartes. Pour elle, sans doute, chacun avait un rôle à tenir ou un travail à faire. Le sien consistait à être belle sur un canapé crème et à programmer la journée de son personnel. Elle devait sûrement s'y conformer à la perfection. En travaillant pour ses riches clients, il avait appris à connaître leurs mécanismes, plus simples souvent que ceux des automates qu'il réparait. Eva avait cependant quelque chose d'autre. Cette femme-là semblait parvenue au terme d'un long et éprouvant voyage. Que sa destination puisse être sa chambre lui apparut comme une évidence.

Vers midi, Eva réapparut dans le salon. Après un moment d'hésitation, elle se lança.

— Je vous dois des explications, Raphael. Mon mari a été mis en examen hier. Peut-être en avez-vous entendu parler. Peu importe. C'est un escroc qui ne mérite pas qu'on se souvienne de son nom. Eva était plantée au milieu de la pièce, les bras croisés sur un châle pâle qu'elle tenait serré contre elle. Ce matin, j'ai laissé un mot sur la table du salon et je suis partie par la porte de service. Vous pensez que j'ai fui mes responsabilités ? Mais quelles responsabilités ? Je suis depuis quinze ans l'aide de camp irréprochable d'un moine-soldat. Eva tremblait de rage, les doigts pressés contre son châle. Elle vacilla et se laissa tomber sur le canapé. Eh bien, dit-elle d'un air gentiment désespéré, je suis venue vous voir parce que je n'avais nulle part où aller. Si vous voulez que je m'en aille, je comprendrai. Il faut que vous sachiez que je risque de vous attirer des ennuis.

Eva posa la tête sur le dossier du canapé, regarda le plafond. Raphael l'observait à la dérobée. Ses mains posées sur son ventre se confondaient avec la blancheur de son châle. Cette femme, pensa-t-il, portait en elle, à égalité, un aplomb entêté et une fragilité de jeune fille aussi marqués que les saisons d'un climat continental. Elle passait en quelques secondes d'un état à l'autre, imprévisible et déroutante.

— Pensez-vous qu'on peut changer ? demanda-t-elle après un silence. Je ne parle pas de changer de vie mais de devenir quelqu'un d'autre.

— On doit absolument croire que c'est possible. Moi, je ne fais jamais de projets car se projeter dans l'avenir c'est considérer qu'on sera le même demain et je déteste cette idée. Vous connaissez le peintre Odilon Redon ? Cet homme ne dessinait que des visions de cauchemar en noir et blanc. Quand il a rencontré sa femme, il est passé à la couleur, définitivement.

— Vous vivez au milieu d'un grand désordre, Raphael. Vous gagnez votre vie ?

— À peu près. Avec mon cousin, nous mettons tout en commun et notre colocataire nous paie un loyer.

Un peu amer, il se demanda combien de temps il leur faudrait, à eux trois, pour acheter le châle luxueux qu'elle avait sur le dos.

Eva soupira. Raphael eut l'impression qu'elle se détendait.

— J'aime cet endroit.

Raphael voulut lui parler de leur prochain départ mais n'en fit rien. Ce qu'on ne dit pas n'existe pas, pensa-t-il.

— Je connais cette photo, dit-elle en regardant un portrait en noir et blanc, accroché au mur qui lui faisait face. Excusez-moi Raphael, je ne retiens pas les noms. Je n'ai pas besoin de les connaître d'ailleurs, puisque je ne parle à personne. Ce sont des noms de code qui ne me servent à rien. J'ai une culture inutilisable, dit-elle en riant.

— C'est Jean Cocteau.

— Il est très beau. Il a vos mains longues et poétiques. J'aime tout ce qui m'inspire. Je suis reconnaissante à tout ce qui me réveille. Pas vous ?

La sonnette retentit, Eva sursauta. Raphael alla ouvrir, la factrice cette fois et trois recommandés. Il signa les reçus puis retourna dans le salon. Eva n'était plus là.

Après déjeuner, Cécile entra en scène dans l'amphithéâtre. Arrivée en avance, elle regarda les étudiants s'installer, jamais pressés. Ils s'affalaient au lieu de s'asseoir, un peu plus chaque année comme si la race s'avachissait. Ils ouvraient leurs ordinateurs portables, posaient à côté d'eux leurs téléphones. Cécile avait encore du mal à supporter le cliquetis des touches, les vibreurs, toute cette technologie absurde qu'elle n'arrivait pas à prendre pour autre chose qu'un esclavage volontaire. Chacun vivait désormais avec un téléphone au bout de la main, lampe d'Aladin frottée mille fois par jour pour en libérer le génie qui exauçait des vœux sans cesse renouvelés. Là, dans l'auditorium saturé d'ondes maléfiques, ses étudiants s'entouraient de gris-gris et d'amulettes, jouant sur tous les tableaux, croyant tout maîtriser, s'infligeant des urgences et des stress qui n'avaient pas de fin. Le soir, quand les baies vitrées se voilaient de buée, le bleuté des écrans creusait les cernes de ses élèves minés comme des chefs d'entreprise. Cécile frissonna. Elle regrettait la petite gorgée de gin qu'elle s'était interdite dans les toilettes juste avant le cours. Il lui manquait le coup de fouet de l'alcool blanc et elle avait envie de dormir.

Une petite blonde leva le bras. Elle voulait savoir où Cécile en était des corrections de leur dernière dissertation. Cécile mettait de plus en plus de temps à corriger ses monceaux de copies. Elle savait qu'on en parlait dans son dos et qu'on se plaignait de sa lenteur.

— Après les vacances, répondit-elle.

Une vague de protestations parcourut les rangs qu'elle ignora royalement. Il ne lui aurait pas été difficile de leur donner satisfaction, elle avait le temps de le faire mais elle considérait qu'elle ne leur devait rien. C'était sa façon de se venger de la médiocrité des pages de glose qu'ils lui faisaient subir. Chaque année, une petite dizaine d'étudiants sortait du lot, plus techniciens que poètes. D'autres moins bons et pourtant plus intéressants manifestaient un sérieux et une ferveur candide qu'elle pouvait leur envier, comme on voit un corps exercer en toute innocence une souplesse qu'on n'a plus. Mais dans l'ensemble et depuis trente ans qu'elle enseignait, elle ne faisait que lire dans l'esprit rarement brillant de générations d'élèves. Selon l'humeur, elle pouvait périr d'ennui ou éclater de rire en déchiffrant leurs phrases lâches et toujours trop longues, au fil d'une écriture automatique qui leur tenait lieu d'inspiration. Ils faisaient une confiance confondante à leurs propres mots, à leurs développements interminables qui, une fois décortiqués, ne voulaient strictement rien dire. Avec Internet, elle retrouvait les mêmes phrases et les mêmes erreurs chez ceux qui se trouvaient des maîtres à penser sans visage et sans caution. C'était une nouvelle plaie qu'elle laissait suppurer. Les temps changeaient mais au fond, rien ne changeait. À part quelques très bons élèves qui deviendraient plus tard enseignants, la majorité d'entre eux vivait en temps réel et ne semblait pas configurée pour comprendre Shakespeare. Ils ne garderaient de Virginia Woolf que le scoop de son spectaculaire et poétique suicide, de Wilde son triste et scandaleux procès et de James son célibat. Elle vivait avec l'idée que ce qu'elle faisait ne servait à rien et qu'elle n'y était pour rien.

Pourtant, Cécile n'aurait pour rien au monde renoncé à ses cours. Jamais assise dans l'amphithéâtre généralement comble, arpentant l'estrade de long en large, les mains sur les hanches ou le nez au plafond, elle plaidait brillamment la cause de ses auteurs. Elle savait qu'on venait la voir pour le spectacle, qu'on l'appelait la Castafiore ou le toréro parce qu'elle martelait le sol pour scander ses convictions mais elle s'en fichait, toute à son seul plaisir. Déroulant entre langue et palais son anglais aristocratique et son humour d'outre-Manche, elle enfilait les anecdotes avec panache et un à-propos stupéfiant, défaisait les clichés et les rapports d'experts. Elle balayait large, tressait ensemble les existences et les œuvres, impeccable sur les dates, les filiations et les influences. Depuis trente ans, Cécile Lurçat accomplissait un exploit mal rémunéré, rarement apprécié pour ce qu'il était vraiment : un cours magistral au sens premier et royal du terme. Légèrement bourrée, elle n'en était que meilleure, multipliant alors les pas de côté, prenant des risques sur son fil tendu. Le cours terminé, elle s'enfuyait, en général aux toilettes, où elle s'enfermait pour retrouver son nectar.

Parfois, comme ce matin-là, quand peu d'élèves s'étaient déplacés pour l'écouter, elle acceptait de rester un moment pour une brève séance de questions. Elle écoutait calmement la matérielle bêtise de son temps, les expressions toutes faites, le verbe haut proféré avec une incroyable satisfaction de soi. Les cons ont pris possession du langage, avait-elle dit lors d'une réunion entre professeurs. Personne n'avait moufté.

— La pudeur n'est-elle pas une manipulation littéraire pour contourner des incohérences psychologiques, voire une forme de paresse de la part de certains écrivains ?

La voix venait de la gauche de l'amphithéâtre, une voix masculine un peu pédante. Cécile avait déjà repéré cet élève barbu et tatillon, membre actif d'une communauté de garçons qui ne grandissent jamais, sortis de nulle part vers la fin du XXe siècle.

— La pudeur est anglaise, lança Cécile, péremptoire, en arpentant son pré carré. Elle n'a rien d'une manipulation ou d'une supercherie d'écrivain. « *Never explain, never complain* », vous connaissez l'adage. Il y a dans *The Forsyte Saga*, que vous avez lu je n'en doute pas, une scène entre Fleur et son père que je vous conseille de relire. Souvenez-vous du masque mortuaire fait de poudre de riz que porte la jeune femme pour dissimuler son désespoir. Oubliez les quolibets sur Galsworthy, le temps passe et la caravane avec. Nul ne sait finir comme lui et vous avez dans ces pages admirables la réponse à votre question. Elle allait s'arrêter là, hésita puis reprit. Certains d'entre vous ont peut-être vu le film *Gilda* avec Rita Hayworth ? Il y eut un léger frémissement dans la salle. On sortait des clous, on parlait de cinéma, c'était off et très inhabituel. Une minuscule trouée dans la vie privée de Cécile Lurçat. *« I'm mad about her, Johnny. Mad.* » Toute la pudeur des hommes est là, dit-elle, dans cette façon de se cacher derrière un masque ou une colonne pour avouer leurs sentiments. La pudeur est une merveille de l'âme humaine. Ce n'est ni une renonciation, ni un calcul, ni une impossibilité. Le non-dit n'est pas une astuce d'écrivain. Le silence aussi fait partie de la littérature.

— Vous en parlez comme si ce sentiment avait disparu, dit une fille à la voix grave.

— Je ne pense pas que la pudeur ait disparu. Elle a simplement changé de nature. Aujourd'hui, on ne cache plus ses sentiments mais son incompétence. Nous avons laissé ce monde aux spécialistes et nous avons honte de notre ignorance. Alors dans un monde devenu trop compliqué pour nous et livré aux techniciens, nous affichons notre personnalité et nous nous raccrochons à la palette infinie de nos émotions. Et dans ce monde-là, les exhibitionnistes sont rois. Vous vous souvenez de cet affreux impérialisme des absolus dont parle Lawrence ? C'est tout pour aujourd'hui, dit-elle en empilant ses feuilles de notes.

Les élèves disparurent en quelques secondes, la laissant seule dans l'amphithéâtre. Son cœur battait fort. Elle s'était énervée, une fois de plus. Cécile n'était pas tolérante comme la Divoire qui faisait semblant de trouver des pépites dans toutes les digressions de ses élèves. Dès le début de sa carrière sur les planches, elle s'était fait la promesse de ne jamais tomber dans le clientélisme. La tolérance est tout au plus de l'indifférence déguisée, pensait-elle, une corruption de l'esprit, une terrible faiblesse et un manque de respect envers soi-même et envers les autres.

Elle sortit de la salle épuisée, fila aux toilettes et sortit sa flasque. Elle reconnut, taguée sur la porte, une phrase sortie de son cours sur Forster. Avec un gros feutre, une écriture féminine avait inscrit une citation de Cécile, telle quelle. « Un adjectif peut étonner et agir bien plus qu'un rebondissement » suivie d'un smiley en guise de point. Un peu indécise, elle se demanda comment le prendre et décida finalement que, reproduites sur les portes des toilettes, ses phrases avaient toutes les chances d'être lues aussi régulièrement qu'un quotidien du matin.

7

Depuis le début de la réunion avec Bréguet et l'équipe du court métrage, Max retenait de façon acceptable les muscles de son visage en déchaînant sa tension sur une partie moins visible de son corps, ses mains qui, dissimulées sous la table, pianotaient sur ses cuisses des envolées délirantes.

Cas d'école, contre-exemple, exception à la règle, bêtisier à lui tout seul, Bréguet Pascal, hypnotique Ubu roi, main posée à plat sur un ventre inventé, alignait les bourdes avec une morgue coppolesque. Les techniciens écoutaient consternés ce type de leur âge et enflé de lui-même gloser jusqu'à l'absurde. Ce jeune homme à la vanité hors norme inventait en parlant un ridicule d'un nouveau genre. Dans l'arrière-salle du café-brasserie, ils évitaient de se regarder pour contenir un dangereux fou rire prêt à leur péter à la gueule, cocktail détonant d'exaspération et d'impatience. Il fallait éviter de « froisser le bonhomme » car tous avaient besoin de bosser et c'était « lui qui avait les tunes », rappela le cadreur pendant une pause clope.

Après un survol audacieux du cinéma mondial, des écoles et des tendances, Bréguet attribua à chacun un référent, post-it collé sur les fronts pour éviter les malentendus, instaurer la liberté surveillée et tuer les ego. Le directeur photo devait filmer comme « les trois A ».

— Les trois A ?

On apprit alors que c'était le terme générique donné par le génial Bréguet au trio Alekan, Almendros et Alcott dont Paul Oriant, « et non Ariant », dit-il content de sa vanne, devait s'inspirer dans la salle à manger - salon de quatorze mètres carrés du court métrage. La costumière devait faire du Givenchy avec ses costumes années soixante-dix à dix balles. Elle prit le parti de penser à autre chose pendant le laïus du « charlot ». L'actrice principale qui jouait la mère en tablier à carreaux devait faire du Truffaut première époque, « tu vois, diction un peu précieuse, plutôt dans les aigus » et l'acteur principal, pourtant absent de la réunion, avait eu droit à un comique « Peter Falk chez Cassavetes avec un soupçon de Jean Bouise ».

— Jean Bouise ? demanda le régisseur.

Bréguet Pascal lui conseilla de « laisser tomber ».

Au bout d'une heure d'incohérences, d'approximations et de tartinage de noms propres, tous avaient renoncé à prendre des notes. La scripte, très enceinte, fut autorisée à quitter les lieux. Au bout de deux heures, chacun chorégraphiait a minima une danse de Saint-Guy. Le preneur de son dessinait des toiles d'araignée sur son carnet, les deux stagiaires se roulaient des clopes d'avance et la monteuse enquillait les textos.

— Il y a un problème de circulation qu'il faudrait régler maintenant, dit Max qui se forçait à garder son calme.

Bréguet le toisa avec un petit sourire pas net. Il avait pris jusque-là le silence des techniciens pour du respect et la sortie de Max était une évidente marque d'insoumission. Max esquissa rapidement un plan, détacha la feuille de son carnet et la fit passer à Bréguet à l'autre extrémité de la table. Le metteur en scène examina l'esquisse en fronçant les sourcils. Les autres attendaient, sentant venir la séance de tirs au but qui retarderait la délivrance tant attendue.

Bréguet fit quelques modifications sur le dessin puis lança la feuille à Max, comme dans les westerns les verres de whisky valsent d'un bout à l'autre du bar avant la bagarre.

— En déplaçant la caméra côté fenêtre quand la mère se lève pour débarrasser, on règle le problème, non ? Et c'est un détail, Max, on verra ça plus tard.

— Non, ce n'est pas un détail. J'ai besoin de savoir exactement où sera placée cette commode que tu veux absolument voir dans le décor et qui oblige la femme à marcher en crabe jusqu'à la porte de la cuisine.

— On s'en fout ! cria Bréguet en pointant Max du doigt. Tu n'as pas changé, hein ? Déjà au lycée, il emmerdait tout le monde, dit-il en balayant la salle du regard. Et pourquoi tu dis ça, et pourquoi tu fais ça ? Max, tu nous fais chier avec tes détails à la con. Basta.

— Le détail, c'est mon métier et je t'emmerde Pascal Bréguet. Tu es un amateur et tout le monde l'a bien compris ici. Alors, ton court métrage pourri, on va le tourner mais sois certain que si nous arrivons à en faire quelque chose de montrable, ce sera grâce à nous et malgré toi.

À la fois triomphant et inquiet, Bréguet chercha autour de la table des gages de soutien qu'il trouva chez certains intermittents aux abois. Les autres fixaient intensément leurs mains et leurs carnets de notes. On ne dansait plus le Saint-Guy, c'était plutôt le musée de cire sur fond de mélancolie collective.

Bréguet et Max s'affrontèrent du regard. L'apprenti cinéaste n'avait pas oublié le plaisir malsain que prenait Max autrefois à se battre à la sortie des cours, comme s'il aimait qu'on l'amoche. Il avait parfois le dessus mais la plupart du temps il finissait par terre. Son cousin restait à distance sans intervenir. Il faisait le guet et on avait souvent l'impression que lui aussi aimait voir Max se faire démolir. Deux cinglés qui se la jouaient. Au bout de la table, suant ses tics, Max était prêt à charger et Bréguet se demanda comment il avait pu être assez naïf pour croire que quinze ans après, ce dingue trop beau le respecterait enfin.

— On verra ça plus tard, dit-il, d'un air si las et si triste que tout le monde autour de la table leva la tête pour le regarder.

La femme de Bréguet arriva sur ces entrefaites avec un bébé marrant dans les bras qui fit diversion. Max en profita pour filer.

Contrarié d'avoir fait le con pendant la réunion, Max décida de remonter à pied le boulevard Lefebvre pour réfléchir et donner libre cours à sa gymnastique faciale. Son nez était proche de l'explosion et son masque de peau tendu à l'extrême menaçait à tout moment de se déchirer. Dans le métro, ses grimaces dissimulées sous son écharpe, il appela sa mère pour la prévenir qu'il passait récupérer la Barbie.

Aussi étroit qu'un cercueil, l'ascenseur des Valette était infréquentable et il monta à pied les cinq étages. Françoise et Marie-Ange n'avaient pas jugé utile de lui refaire le jeu de clés qu'il avait perdu quelques mois plus tôt et il fut obligé de sonner, comme un étranger, pensa-t-il.

— Pourquoi tu arraches ton manteau comme ça ? demanda Marie-Ange qui le suivait dans le couloir.

— On étouffe ici. Vous allez crever avec cette chaleur !

Le désordre de l'appartement des cousins était de la rigolade comparé à celui généré par les Valette. Dans l'atelier, trois mannequins sans tête encombraient le passage, grosses quilles à contourner au milieu de la pièce. Le long du mur, une table en bois était entièrement recouverte de trésors en toc. Des dentelles au mètre voisinaient avec des rouleaux de passementerie, des boîtes à caissons bourrées de billes de couleurs multicolores et des pierreries en tas. Les archives des costumières occupaient jusqu'au dernier millimètre de l'autre mur, côté cuisine, rangées dans des dossiers décolorés sur des étagères en pagaille. Marie-Ange et Françoise Valette avaient accepté de se mettre en retraite mais il n'était pas question de toucher à leur mémoire vive.

— Maman, si tu ne coupes pas ce chauffage immédiatement, je me casse !

— Ce que tu peux être pénible. Je plains ce pauvre Klein, dit Françoise en coupant le radiateur.

Max marmonna. Il avait omis de leur dire qu'il ne voyait plus Klein, son psy, depuis plusieurs mois. Un matin, il avait pris conscience qu'au bout de cinq ans d'aveux loyaux sur le divan, son homme de confiance persistait à lui soutirer ses rêves et son argent en échange de quelques pauvres « continuez » jetés au milieu de ses silences comme des oboles. Découragé par son manque de vocabulaire, Max l'avait laissé tomber du jour au lendemain. Il marchait désormais sans béquilles et les Valette l'ignoraient.

Il baissa le son de la télé sans demander son reste.

— Mmm ! s'énerva Françoise, les lèvres serrées sur une aiguille.

— On ne s'entend pas ici.

— C'est Karajan. Une symphonie de Mozart.

Max s'assit à côté de sa tante sur le canapé. Sur l'écran, beau comme un dieu suspect, le chef d'orchestre dirigeait, les yeux fermés et tête basse, des musiciens en costume qui ressemblaient tous à des espions de la Stasi. Karajan jouait contre eux, buté et prêt à taper du pied tel un enfant boudeur. La symphonie de Mozart, celle des messageries téléphoniques, galvaudée et usée, était inaudible. Max se concentra pour retrouver l'original, le chef-d'œuvre derrière la crasse. En vain. C'était une symphonie foutue. Raphael avait raison, pensa-t-il, les œuvres meurent d'être trop vues.

— C'est quoi ? demanda-t-il à sa mère qui vérifiait les boutonnières d'une robe de chambre en velours parme, posée sur les épaules d'un Stockman.

— C'est pour la *Voix humaine* qu'ils montent au printemps dans un petit théâtre du quartier. Ils n'ont pas un rond, on leur donne un coup de main.

Il n'y avait pas deux sœurs Valette mais quatre. Une fois de plus, Max en faisait le constat déprimant. Il y avait celles que tout le monde aimait, drôles et piquantes, prêtes à rendre service à des inconnus en échange de quelques compliments. Et les deux autres, les infréquentables que seuls Raphael et lui connaissaient.

Il accepta de prendre un café « vite fait ». Marie-Ange lui donna la Barbie rhabillée par ses soins. Elle avait fait un travail parfait avec une chute de lamé argenté. Pris de torpeur, la télé en sourdine et les deux femmes reprises par leurs activités silencieuses, il se laissa régresser doucement dans le vase clos cosy et émollient de ses deux mères. Max et Raphael avaient passé là une enfance saturée, dans un air rare et empoisonné qui leur était devenu indispensable. Ils y avaient fait des expériences interdites en pensant bien faire, sûrs de leur imagination dans un univers factice qui ne voyait jamais la lumière. Puis ils étaient partis, sonnés par un monde qu'ils croyaient plus fou qu'eux, abandonnés à deux par les Valette. Max se réveilla brusquement d'une micro-sieste. Rien n'avait bougé autour de lui.

— Ça vous embête que Louise et Cécile passent dans la semaine pour leurs costumes ? demanda-t-il en se levant.

— Cécile aussi ? dit Françoise, surprise que la vieille du dessous soit invitée.

Avant de partir, Max négocia un pichet Orangina qu'il se souvenait avoir vu récemment dans un placard.

— J'en ai besoin, dit-il.

— Bon, c'est bien que tu sois passé, on a un truc à te dire. Et on compte sur toi pour mettre les formes avec Raphael. On a déjà une proposition pour l'appartement. L'agent immobilier vient d'appeler et il est possible qu'on signe le compromis de vente assez vite. Ça veut dire que si tout se passe bien, il faudra que vous déménagiez dans deux mois. Il va falloir vous activer pour trouver autre chose. On se chargera de rapatrier tout le bazar de votre grand-mère. Pour le reste, on vous laisse vous organiser.

Max sentit la rage monter, serra son écharpe autour de son cou comme une corde pour se pendre.

— C'est vraiment dégueulasse de nous faire ça, dit-il, le visage en mouvement perpétuel. C'est quoi l'idée ? Soyez honnête, pour une fois.

Quand les sœurs Valette se taisaient, elles se taisaient à deux et il était alors impossible de se battre contre le mur de parpaing de leur double refus. Max n'insista pas et afficha un mépris qu'elles assumèrent en chœur et sans ciller.

Le cadre de la porte marquant les territoires, Max les quitta sans rien dire, effondré.

À distance, bras et jambes contournés dans une posture compliquée, Raphael ressemblait à une sculpture névrosée. Max alla le rejoindre dans le square fermé au public. Raphael à la vie à la mort était une irrésistible et détestable addiction. De près, il sentait la colle à bois et ce parfum ambré qu'il portait depuis l'adolescence, trace entêtante qu'il laissait partout où il passait. Max n'avait pas besoin de parler. Il savait que son corps seul, à côté de son cousin sur le banc, suffisait à sa survie. Il fallait juste être là. Raphael posa la tête sur son épaule.

— Arrête ! dit Max en le repoussant. Tu sens la colle, ajouta-t-il plus gentiment.

— Il y a quelqu'un à la maison, murmura Raphael.

— Qui ? demanda Max, reniflant l'inhabituel.

— Eva, ma cliente. La femme du tableau. Je l'ai installée dans ma chambre. Je dormirai dans le canapé-lit du salon. Ça t'ennuie ?

— Je viens de passer une journée difficile, Raphael, alors je pense que oui, ça m'ennuie. Mais qu'est-ce que cette bonne femme fout dans notre appartement ?

Raphael lui expliqua la situation. Il évoqua de possibles embêtements.

En général, Max jouait les accablés mais au fond il ne détestait pas les embêtements. Ils avaient parfois le pouvoir de lui faire oublier son corps et ses maux. Contrairement au discours des uns et des autres, il n'avait jamais cru que le bonheur était la solution à ses problèmes et il pensait qu'un jour, une énorme tuile le guérirait.

Max rejeta la tête en arrière, enfonça les mains dans les poches de sa veste. Il était épuisé et avait l'impression d'avoir passé la journée à s'engueuler avec tout le monde, ce qui était partiellement vrai. Pris de ce vieux désespoir, son noyau mélancolique comme l'appelait Klein, il essayait de se convaincre que la présence insolite de cette femme dans l'appartement était cette bonne nouvelle de fin de semaine que font miroiter les horoscopes.

Raphael reposa la tête sur l'épaule de son cousin qui cette fois le laissa faire.

Dans le square désert, ils restèrent un long moment sans parler, chacun mesurant pour lui-même l'affolement de la nouveauté sur leur vie d'infinis détails, tout en regardant les fenêtres de l'immeuble. Max était incapable d'annoncer à Raphael que l'appartement était quasiment vendu. Il était tout aussi incapable d'imaginer l'après. Louise les espionnait par le trou de la serrure et la fine Cécile, armée jusqu'aux dents, experte en visites surprises, écoutait son plafond en comptant leurs pas. On avait marché sur leurs rites et chacun avait voulu mettre de l'ordre dans leur désordre mais il n'y aurait personne pour les aider à se choisir un avenir. Max se demanda qui était cette femme tombée du ciel que Raphael l'ermite avait accueillie dans sa chambre. C'était inouï, peut-être dangereux mais très excitant, s'avoua-t-il.

— Journée de merde ! cria-t-il enthousiaste, en se levant d'un bond.

Raphael éclata de rire.

— Tu l'as déjà dit hier, lança-t-il à son cousin en le suivant jusqu'à la porte de l'immeuble.

8

Chaque matin, la neige tombée dans la nuit recouvrait de sa propreté éblouissante la couche salie de la veille, imposant son rythme aux Parisiens comme une grève qui s'éternise, une légère catastrophe qui désolait les commerçants et rapprochait les inconnus. Passé le folklore, elle révélait peu à peu sa désastreuse morbidité dans une ambiance de salle capitonnée qui enveloppait la ville d'un silence de pièce vide. Dans l'appartement, on ne s'en plaignait pas. Eva était dans sa couleur, Max avait des affinités avec les catastrophes et c'était un sujet de conversation inépuisable pour Louise.

Depuis trois jours qu'Eva vivait là, le trio de l'agence était passé plusieurs fois, rappelant au passage qu'on était en sursis. Très énervé, Max téléphona à l'agent immobilier pour faire cesser les allées et venues des mal élevés « déjà dans les starting-blocks pour apporter leurs cartons ». Prévenues, les roulés-boulés se déplacèrent illico pour calmer le jeu. Elles découvrirent Eva, odalisque insensée lovée dans un fauteuil, un livre d'art posé sur les genoux. Les Valette étaient reparties interloquées après quelques explications fumeuses fournies à voix basse par Max dans la cuisine. Sélectionnée pour le spot publicitaire et le cachet au-delà de toutes ses espérances, Louise lévita une journée entière. On présenta Eva à Cécile avec beaucoup de précautions. Sensible à la délicatesse de ses voisins, elle décida finalement d'adjoindre la nouvelle venue à son club très fermé.

Eva ne générait aucun bruit et se déplaçait telle une voile dans le vent, toujours enveloppée dans des lainages pâles et des foulards qui faisaient plusieurs tours autour de son cou. Elle rêvassait beaucoup, regardait vivre ses colocataires, discrète et bienveillante. Elle passait de longues heures seule dans la chambre de Raphael, avançait lentement la lecture d'un livre en finnois, sa langue maternelle, leur apprit-elle un soir sans détailler. Le mystère qui entourait sa présence et son éventuel départ ne pesait pas. Cécile suivait les informations tous les jours et tenait ses voisins au courant de l'évolution du scandale financier auquel était mêlé le mari d'Eva. La femme de l'homme d'affaires n'y était jamais évoquée. Elle sursautait parfois quand des portes claquaient et allait se cacher dans la chambre lorsqu'on sonnait à la porte. Arrivée comme par enchantement, elle était là, objet précieux et précieusement absurde qu'on protégeait d'instinct. Eva n'était pas quelqu'un à qui on posait des questions. Elle imposait un tel respect, celui-là même qu'elle manifestait à l'égard de tous ceux qui l'approchaient, qu'il était impossible de la déplacer sur le terrain des faits. On attendait qu'elle se décide à parler de sa vie, quand elle le jugerait bon. Chacun faisait de son mieux pour créer un climat de confiance qui la pousserait à se dévoiler.

Max avait essayé de lui donner un âge. Quarante ans ? Un peu plus ? Son visage avait une pureté enfantine mais son élégant savoir-vivre et sa retenue la vieillissaient. Il avait imaginé son corps, ses seins à peine visibles sous son chemisier en satin. Max pensa qu'il ne saurait que faire d'elle dans un lit et la laissait vivre sans trop se poser de questions. D'autres inquiétudes focalisaient son attention. Il fallait surveiller Raphael qui sombrait sans que personne s'en rende compte. Lui seul savait interpréter les infimes détails qui déliaient peu à peu son cousin du réel. Il ne le regardait plus, ne sortait plus au-delà des limites du square, faisait semblant de travailler et se levait de plus en plus tard. Personne ne prenait la mesure de ce qui se jouait entre Raphael et lui. On prenait pour argent comptant qu'ils continueraient à vivre ensemble, reproduisant ailleurs le même duo bordélique. Max avait souvent constaté que les autres ne toléraient le changement que pour eux-mêmes.

Cécile se rendit au cocktail du recteur sans en avertir personne. Elle avait pris très tôt l'habitude de cloisonner sa vie, considérant que l'harmonie était une utopie insensée et le secret par omission un vrai confort à petit prix. Elle ne rendait jamais de comptes à personne sur ses allées et venues. Ses élèves ne connaissaient rien d'elle et elle ne parlait jamais de son travail dans sa vie privée. Quant à l'avenir, elle le mesurait aux dates de péremption sur les bouteilles de lait et les yaourts aux fruits qui lui survivraient dans le frigidaire après sa mort subite. Ainsi, personne ne la vit sortir de l'immeuble en tenue de soirée orange et après-skis, une paire d'escarpins vernis rangés tête-bêche dans un sac moiré brodé de chrysanthèmes.

Les soirées obligatoires du recteur étaient le grand œuvre de sa femme, fervente émule d'un manuel de savoir-vivre des années soixante dont elle reproduisait les diktats à l'identique, chaque année avant Noël. À peine arrivée, Cécile sentit son vieil épuisement la reprendre comme la familière chimie d'un somnifère. Elle alla immédiatement saluer le recteur pour imprimer sa trace, tactique rodée depuis des années qui consistait à marquer les esprits avant de disparaître discrètement. En quelques minutes, elle avait fait le tour de l'assemblée et servi à tous les anecdotes qui resteraient dans les mémoires. Elle se donna une heure avant de repartir et vaqua ici et là entre ses collègues et leurs conjoints que la femme du recteur bichonnait comme des pièces rapportées un peu paumées.

— Charles Danglars, enchanté !

Rêvassant depuis quelques minutes près du buffet, Cécile se retourna et, levant la tête, avisa l'intrigant colosse planté à côté d'elle. Prise de court, elle sourit bêtement à l'inconnu tout en l'examinant. Regard eau de source et sourire rectangulaire, il était très bel homme, nota-t-elle, charmée. Il lui expliqua sans qu'elle ait rien demandé qu'il avait un poste de direction dans le secteur aéronautique. L'université lui avait proposé d'intervenir dans le cadre d'un module « innovation et mondialisation, le défi français ». Cécile l'arrêta gentiment.

— Je me fous de la mondialisation, dit-elle, en riant toutefois pour adoucir ses propos.

— Et les défis ?

— Je défie quotidiennement la bêtise de mes étudiants. C'est un boulot à plein temps.

Penché sur elle comme sur une naine inaudible de là-haut, il écouta Cécile lui raconter son quotidien à la fac. Elle oublia d'être froide et pour les beaux yeux de l'élégant malabar, décloisonna ses mondes sans se méfier. Il se passait quelque chose qu'une partie d'elle-même observait calmement pendant que l'autre égrenait pour le faire rire un chapelet de perles fines entendues dans l'amphithéâtre.

Puis Charles prit le relais. Il surmonta les grands airs d'intellectuelle de Cécile et repoussa ses réserves en lui assénant en guise de culture générale les voyages qu'il avait faits dans à peu près tous les pays du globe. Elle se dit que ce Charles Danglars était un homme formidable malgré ses lacunes en littérature anglaise et son goût de l'ailleurs dont elle n'avait aucun besoin.

Interrompue par la maîtresse de maison qui, d'un « je vous l'emprunte cinq minutes », l'entraîna ailleurs, Cécile en profita pour refaire un plein de pauillac. Incapable de vivre sans réfléchir, elle s'écouta un long moment dans le brouhaha, abasourdie par l'improbable rencontre qu'elle venait de faire. Elle s'avoua troublée et constata un peu surprise que la cuirasse dont elle avait entouré son corps et son cœur n'était pas aussi solide qu'elle l'avait imaginé. Elle essaya de se souvenir depuis combien de temps elle venait seule aux soirées du recteur, puis se revit quelques années plus tôt au bras d'Alexandre Dietbach, échanger dans ce même salon des rires et des regards entendus. Les larmes aux yeux, elle se dit que cet homme à part avec qui elle avait fait l'amour pour toute une vie était désormais un squelette immobile pour l'éternité dans un petit cimetière de village du Schleswig-Holstein. Ensemble, ils avaient vécu pendant cinq ans une histoire haut de gamme qui s'était close d'un coup dans une ruelle ensoleillée du vieux Nice. Là et au milieu d'une phrase, Alexandre s'était écroulé à ses pieds et l'avait laissée se débrouiller seule avec le reste de sa vie. Elle avait adoré cet esthète élégant à l'humour glacé, spécialiste de Goethe, impressionnant de placidité et qui savait réellement tout sur tout. Après sa mort et l'évaporation rapide de tous leurs amis communs, Cécile avait repris sans fracas le cours interrompu de son existence de célibataire et enterré avec Alexandre toute velléité de se partager.

Charles Danglars la retrouva une heure plus tard, avachie sur un canapé et sérieusement beurrée. Cécile remarqua que son sourire rectangulaire avait perdu ses francs contours. Elle n'avait pas fait fureur longtemps, se dit-elle, un peu déçue. Ils tentèrent de ranimer en vain une conversation agonisante. Puis Cécile s'éclipsa avec une discrétion de célibataire, laissant en souvenir à son inconnu un regard éperdument reconnaissant derrière une poignée de main neutre.

Un peu après minuit, Louise descendit chez sa voisine et colla l'oreille à sa porte pour vérifier qu'elle n'était pas couchée. Elle ne dormait pas mais somnolait sur son canapé, bizarrement endimanchée en robe de cérémonie orange et vernis noirs. Cécile lui fit comprendre un peu brutalement que ce n'était pas le bon soir. La jeune femme la quitta très remontée contre les habitants de cette ville qui balisaient brutalement leur intimité, donnaient et reprenaient sans prévenir et sans aucune logique. Elle pensa à sa tante cinéphile qui avait préféré l'alcool aux hommes, « incompatibles » disait-elle, et espéra que Cécile ne ferait pas le même choix si l'occasion se présentait.

De retour dans l'appartement, Louise marcha sur la pointe des pieds jusqu'à sa chambre. Au bout du couloir plongé dans l'obscurité, elle trébucha contre un paquet sombre posé devant la porte de Max. Elle se pencha et croisa, stupéfaite, le regard fou furieux de Raphael. Il respirait bruyamment et avait l'air d'un autre. Très mal à l'aise, elle lui demanda ce qui n'allait pas en chuchotant. Il lui saisit alors le bras avec une poigne de tueur, son regard de dément planté dans le sien. Louise hurla de peur et de douleur. Raphael desserra son étreinte, mou soudain comme une poupée lâchée par son marionnettiste. Louise entendit une porte s'ouvrir dans son dos, Max qui mit un doigt devant sa bouche avant de soulever Raphael avec d'infinies précautions. Il entraîna son cousin et referma la porte derrière lui sans un mot.

Seule dans sa chambre, découragée par le mystère des autres, par les humeurs alcooliques de Cécile, les silences pervers d'Eva, les tristes tocs de Max et là, dans la nuit, la violence inattendue de Raphael, Louise pensa à la maison de son enfance et aux portes qu'on ne fermait jamais. C'était peut-être une façon de conjurer les secrets, se dit-elle, de les chasser avant qu'ils ne s'installent. Elle constata que cette absence d'intimité avait fait d'elle un être désarmé, incapable d'imaginer la part d'ombre de ceux qu'elle côtoyait. Elle se coucha complètement déprimée et remontée contre cette clique détestable qui la blessait en brouillant ses pistes. Comme on redécore sa vie la nuit venue en se donnant le premier rôle, elle se fit la part belle en imaginant des solutions de rechange. Elle se tourna et se retourna dans son lit pour finalement décider un retour à Bordeaux retentissant. Elle pouvait aussi bien monter son spectacle en province, les cafés-théâtres ne manquaient pas. Elle n'espérait plus rien de Max. Ou on plaît tout de suite ou on ne plaît jamais, pensa-t-elle.

Mais quelques heures plus tard, liftée par le sommeil et rattrapée par la réalité, Louise se réveilla dans un tout autre état d'esprit. Couvé dans les ténèbres, son désir de savoir ce qui se passait derrière les portes closes avait pris toute la place. Elle décida d'être une intruse assumée, puis défit la valise qu'elle avait remplie à la hâte avant de se coucher, dans une déjà lointaine vie antérieure. Elle choisit dans la penderie l'armure du jour appropriée à la nouvelle Louise, un pantalon de velours violet et un pull moulant jaune vif. Elle consulta Bob Mitchum pour approbation.

— Va de l'avant, ma belle, lui dit son héros. Va de l'avant.

9

Max avait accepté d'accompagner Louise au concert donné par Damien. Il fallait dîner tôt et Raphael appela Cécile dans l'après-midi pour l'inviter. Il ne voulait pas la laisser seule jusqu'à son départ pour l'Angleterre. La perspective de retrouver sa famille la minait et elle revenait chaque année en très mauvais état de son séjour londonien. Prête à braver toutes les rebuffades, la nouvelle Louise descendit la prévenir que le dîner était prêt. Elle trouva Cécile assez somnolente, sentit qu'il ne fallait pas la brusquer, attendit un peu. Au bout de quelques minutes, elle constata les bienfaits d'une présence sur le solitaire par défaut, les feux qui reprennent de la vigueur, les phrases qui s'allongent et se mettent à chanter, le rire, bref, la vie.

— Vous avez écouté les informations ? demanda Louise. Ils l'ont mis en taule ?

— Je ne sais pas. J'en suis restée à l'enquête internationale sur ses comptes off-shore. C'est du lourd, comme vous dites au-dessus. Elle va bien, l'épouse du milliardaire ?

L'ironie rêche de Cécile affleurait, mauvaise haleine d'alcoolique qui mit Louise mal à l'aise.

— Elle erre mais elle n'a pas l'air de s'ennuyer. Depuis qu'elle est là, elle n'a pas mis un pied dehors. Cette femme n'a pas d'odeur, pas de bijoux, pas de passé et pas de projets. Elle est en suspens. Et on dirait qu'elle partage un secret avec Raphael.

— Il est amoureux d'elle ?

— Non ! Bien sûr que non ! Elle a au moins dix ans de plus que lui.

Louise croisa un regard mauvais de Cécile. L'âge, éternel carnage entre les générations, venait de s'interposer entre elles.

— Et alors ! lança Cécile, soudain très énervée. Vous croyez que c'est aussi simple ? Les beaux avec les beaux, les vieux avec les vieux, les crétins avec les crétins. Jamais *Gilda* n'aurait été possible avec de telles conneries. Jamais un Glenn Ford n'aurait même osé penser qu'elle pourrait l'aimer, trop poupon, trop laid avec ses sourcils en balai-brosse. Votre Rita était raide dingue d'Orson Welles, non ? C'est vous qui me l'avez dit.

— Oui, c'est idiot. Excusez-moi.

Après un silence, Louise lui raconta qu'elle avait trouvé Raphael allongé par terre devant la porte de la chambre de Max, la nuit précédente.

— Je ne sais pas ce que ça veut dire. Vous savez, vous ?

— Non. Ils ont un problème à régler qui ne nous regarde pas. Peut-être finiront-ils par tuer leurs mères ou par s'entretuer. Je n'en sais rien. Leur histoire est une tour d'ivoire et nous ne faisons que tourner autour.

— Je suis amoureuse de Max, reprit Louise.

— Je m'en doutais ! cria Cécile, triomphale, en se tapant sur la cuisse. Je savais que vous ne tiendriez pas longtemps. Max est irrésistible. Entre nous, vous auriez pu tout aussi bien tomber amoureuse de Raphael. C'est kif-kif. Elle soupira bruyamment, mit ses pieds nus sur la table basse. Mais, faites attention, Louise, on est toujours dépendant du plus fou, quelles que soient sa folie et sa solitude. Max est dangereux. En tout cas pour vous.

— Vous pensez que c'est sans espoir ?

— Demandez-lui ! lança Cécile d'un air de défi en finissant son verre. Prenez le risque. Pour gagner, il faut jouer.

Elle laissa Louise réfléchir un moment.

— J'ai parlé de *Gilda* à mes élèves, reprit-elle.

— Vraiment ?

— Oui. On parlait de la pudeur et j'ai évoqué *Gilda*. Louise fit un sourire que Cécile trouva merveilleux. Elle avait enfin réussi à faire abstraction de ses dents. Comme les tics de Max, elle ne les voyait plus. Je leur ai fait l'éloge de la pudeur et quand j'ai parlé de *Gilda*, ils ont cru que je leur faisais des confidences. Vous savez, les élèves ont une conscience très forte de la vie privée de leurs profs. C'est un tabou qui les fascine. S'ils me voyaient là, maintenant ! rit-elle.

Louise pressa sa voisine qui disparut mettre des chaussures et prendre une bouteille dans la cuisine.

Dès son arrivée, on fêta Cécile qui d'évidence avait besoin d'être écoutée, cajolée et considérée. Les mauvais soirs, Max et Raphael savaient qu'il fallait contenir leur voisine dans une ivresse raisonnable, s'arranger pour la servir modérément et surtout garder les bouteilles hors de portée de sa main leste. L'alcoolique est agile et malin comme un singe, disait Max qui en savait presque autant que Cécile sur le sujet. Ils prirent place autour de la table du court métrage enrichie de serviettes rayées, d'un saladier Vereco vert sapin, d'une salière et du pichet Orangina des sœurs Valette. Après plusieurs passages à la machine, la nappe avait pris un coup de vieux très satisfaisant. Max avait même fait les champignons à la grecque du scénario de Bréguet. Il attendit un petit quart d'heure avant de déboucher une bouteille.

— Louise est magnifique ce soir, vous ne trouvez pas ? demanda Cécile. Cette robe rouge est parfaite. Les hommes aiment les femmes en rouge, ajouta-t-elle en regardant Max.

On parla des couleurs. Raphael leur expliqua que les minuscules taches rouges dans les paysages de Corot sauvaient de l'ennui et installaient les perspectives. Il évoqua la femme aux bas rouges de Marquet que personne ne connaissait autour de la table. Max dit qu'il détestait la fin du XIXe siècle à cause du noir qui était partout. Le blanc qui entourait Eva d'un halo fantomatique ne fut pas évoqué mais tout le monde y pensa.

Dans la cuisine, Max confia à Louise que Cécile pouvait devenir un triste tas de désespoir quand elle était bourrée.

— C'est mauvais pour elle parce qu'elle se souvient de tout le lendemain, ajouta-t-il en sortant le chèvre de son emballage.

— Eva m'a dit que tu as visité un appartement cet après-midi. Il t'a plu ?

— Le problème, Louise, n'est pas où je vais vivre mais comment je vais vivre.

Un espoir fou monta à la tête de Louise en bouffée délirante. Elle se vit en un éclair poser ses cartons dans une chambre pour eux deux.

— Qu'est-ce que tu veux dire ?

— Je me suis posé la même question il y a trois ans quand on s'est installés ici. Louise, je ne peux pas t'expliquer. Je peux juste te dire que je ne vis pas comme je le voudrais et que je ne suis pas ce que j'ai l'air d'être.

Il lui tendit le plateau de fromages, plus fermé que jamais. La parenthèse d'une vie de couple avec Max se referma doucement.

Pourtant, ce soir-là, rien ne pouvait vraiment distraire Louise de son bonheur. Les non-dits de Max et le spectacle probable d'une Cécile en vrac ne la touchaient pas vraiment.

— Je déteste les citations ! Cécile tenait le coup mais sa diction avait des lenteurs alarmantes et ses yeux ne regardaient plus rien. Je n'en fais qu'au compte-goutte. Je ne veux pas procurer à mes étudiants ces raccourcis qui les arrangent. Ils les utilisent comme des passe-partout et ça m'horripile. Les citations sont souvent des clichés de luxe. Il y a toujours un silence pénible après, une petite mort. Comme avec les histoires drôles. On ne peut plus reprendre le fil.

– Peut-être parce qu'elles donnent à réfléchir, dit Eva qui plus encore que d'habitude, semblait faire de gros efforts pour s'extraire de son monde et rejoindre les autres dans la lumière.

Elle pouvait alors fixer son verre ou sa fourchette avec la même empathie que si c'était un enfant mort.

Cécile fit une moue agacée qu'elle réservait habituellement aux séances de questions de l'amphithéâtre puis s'enferma dans un mutisme provisoire.

— J'ai envoyé les invitations pour le bal costumé, dit Max.

— À qui ? demanda Louise.

— Quelques potes et l'équipe du tournage.

— Tu as invité Bréguet ? s'étonna Raphael.

— Mais oui ! Il faut aussi des cons dans un bal costumé.

Cécile commençait à piquer du nez. Raphael et Max se regardèrent, il fallait la rattraper avant qu'elle ne sombre. Max s'y colla, raconta que l'après-midi, en cherchant des bouquins chez un revendeur, il était tombé sur une lettre de Van Gogh qui parlait de Degas.

— Van Gogh échafaude une théorie sur la vie sexuelle des peintres. Max avait tapé dans le mille. Sortie illico de sa torpeur, Cécile l'écoutait avec intérêt. Il dit que l'artiste qui bande trop crée moins. Il pense que c'est parce que Degas vivait en notaire et ne baisait pas qu'il arrivait à mettre toute sa virilité dans sa peinture. Il dit que la chasteté fortifie.

Louise remarqua alors que Raphael observait Max avec une intensité inhabituelle. Celle du lion embusqué qui va bondir sur sa proie, pensa-t-elle, et prépare son geste dans une immobilité absolue.

— Je comprends ça, dit Cécile. Les exemples sont nombreux en littérature. Il faut rester concentré.

— Non ! s'énerva Max. Ça n'a rien à voir avec la concentration. L'abstinence est un poison qu'on s'inocule soi-même. Il décuple la force, provoque des visions et des hallucinations. Pourtant il n'y a rien de plus dangereux que de ne pas baiser ! Qu'en penses-tu, Raphael ? Ils échangèrent un regard épouvantable qui glaça les trois femmes. Bon, il ne faut pas qu'on traîne, dit-il en repoussant sa chaise.

Max ne supportait plus les guirlandes lumineuses du sapin qui clignotaient dans son champ de vision. Elles lui portaient sur les nerfs depuis le début du repas et il n'avait pas voulu changer de place pour éviter les explications.

— On y va ? demanda-t-il à Louise.

La jeune femme avoua à tous son enthousiasme en se levant comme un soldat.

Sur le quai du métro, Max expliqua à Louise qu'il fallait se positionner sur les parties les plus sales, à intervalles réguliers le long de la voie, pour se trouver pile devant une porte. Il lui dit que si elle voulait éviter les musiciens, il fallait plutôt choisir les wagons de tête. La vie de Max, pensa Louise, était pleine de combines pour alléger son existence menacée.

Dans la rame, les conversations tournaient autour de la ville russifiée. Le charme des premiers jours s'était transformé en longue plainte relayée de bouche à oreille. La nature en faisait trop, c'était toujours pareil.

En sortant du métro, une poussière dans l'œil fit pleurer Louise. En se frottant la paupière, elle fit tomber une de ses lentilles dans la neige.

— Merde ! murmura-t-elle en se baissant pour la retrouver.

Max alluma la lampe de son téléphone, s'agenouilla dans la boue à la recherche de la minuscule soucoupe de plastique bleuté. Il interdit à Louise de bouger.

— Tu vas marcher dessus ! cria-t-il.

Avec un entêtement gênant, il scrutait la neige, balayant de son faisceau lumineux chaque millimètre autour des pieds immobiles de Louise. Elle hésitait entre trouver son acharnement suspect ou de bon augure. Les passants les regardaient avec curiosité.

— Laisse tomber, dit-elle. On va être en retard.

Dans les toilettes du théâtre, elle retira sa deuxième lentille. Myope depuis l'enfance, Louise s'arrangeait du flou. Elle allait passer la soirée dans le brouillard, c'était son nom et ce n'était pas la première fois.

Damien Grandhomme leur avait réservé deux très bonnes places, du côté de ses mains. Max insista pour s'asseoir à l'extrémité du rang. À peine installés, elle sentit à quel point il était nerveux. Il enleva son manteau, le plia et le déplia, le replia pour qu'il prenne une forme acceptable sur son dossier. Il s'excusa, sortit cinq minutes, revint plus calme.

On demanda l'extinction des portables puis le silence se fit dans la salle et l'artiste entra en scène. Damien s'approcha du piano puis, aussi précis que Max avec sa veste, il essaya plusieurs positions sur son tabouret. Même flou, Louise qui ne l'avait pas vu depuis six mois, le trouva changé. Il avait encore grossi, enflé plutôt, pensa-t-elle. Il portait les cheveux plus longs et son smoking ne parvenait pas à cacher un négligé nouveau. Les doigts arrêtés au-dessus des touches, il rejeta la tête en arrière et s'ébroua les yeux fermés. Une nostalgie irrésistible s'empara alors de Louise. Ils avaient passé ensemble une partie de leur jeunesse à souffrir et il en restait dans son cœur des traces indélébiles qui parfois la terrassaient. Mais la mélancolie ne résista pas longtemps au contrepoison d'autres souvenirs, minables et indignes ceux-là, car Damien était un faux gentil, un ambitieux au mépris glacé qui lâchait son venin dans l'intimité. Louise se demanda si elle n'avait pas déjà rejoint la cohorte des têtes de Turc qu'il aimait assassiner en phrases courtes dans leur dos. Elle se dit qu'il continuait peut-être à l'appeler uniquement pour vérifier qu'elle restait loin derrière, empêtrée dans des projets qui n'avançaient pas. Finalement rattrapée par

Les Variations Goldberg, elle se laissa entraîner par l'interprétation magistrale du pianiste.

Max passait et repassait avec fièvre et méthode sa main droite sur sa cuisse. Depuis le début du récital, reconnaître les airs de l'œuvre qu'il connaissait bien lui avait donné un itinéraire mental à suivre scrupuleusement et il avait réussi à s'y tenir. Mais en quelques minutes, tout était parti en vrille et chaque note était une aiguille plantée dans son crâne. Il sentit l'inquiétude de Louise qui le regardait à la dérobée. Que voyait-elle ? Pas grand-chose peut-être sans sa lentille. Cette fille qui ne le connaissait pas était amoureuse, tout l'attestait. Comment lui dire sans la blesser qu'il ne pouvait rien pour elle ? Lui assurer qu'il était fou ? Qu'il voulait souvent mourir ? Non, les femmes étaient des infirmières qui voulaient vous guérir en vous enfermant dans des chambres closes, des mères qui voulaient vous fourrer dans leur ventre et vous y faire mourir étouffé. Il ne fallait surtout rien leur dire. Elles devaient passer et rien de plus.

Après le concert, Louise entraîna Max dans les coulisses du théâtre. Entouré comme il l'avait toujours été, Damien leur fit un petit salut de loin et les fit poireauter un moment.

Le pianiste se dirigea finalement vers eux et leur proposa de l'accompagner dans sa loge.

Là, il sortit une bouteille de champagne d'un petit frigidaire et leur en servit une coupe. Louise présenta Max, colocataire, ami et accessoiriste de cinéma. Très détendu, Damien ne regardait qu'elle mais il ne faisait aucun effort de conversation et Louise ramait. Elle le félicita, lui dit qu'elle avait trouvé son programme très équilibré. Tout faisait l'affaire. En retrait, Max observait le décor de la loge, mémorisant les lieux pour s'en servir plus tard, peut-être, sur un tournage. Il gardait en réserve la possibilité de venir en aide à Louise si les tortures se prolongeaient. Le type était puant, retors et en position de force, rappelé plusieurs fois sur la scène par un public conquis. Max ne comprenait pas comment Louise avait pu aimer ce grand type fade qui semblait parler tout bas pour obliger les autres à l'écouter. Damien Grandhomme lui faisait le grand jeu de l'artiste serein et elle semblait ne pas s'en apercevoir. Dénuée de tout orgueil, Louise s'attendait naturellement à être aimée et considérait qu'elle faisait exactement ce qu'il fallait pour en avoir le droit. Max se leva, annonça qu'il devait partir. Damien prit alors conscience de sa présence et de son importance. Il s'excusa sans dire de quoi et les accompagna jusqu'à la porte

Assise face à Max dans le métro du retour, Louise lui demanda ce qu'il pensait du pianiste. Plus mélomane qu'elle ne l'avait imaginé, il démonta son interprétation de Bach, trop rapide, trop technique et sans profondeur. Il ne comprenait pas son succès. « Un bon élève qui ne prend aucun risque », dit-il. Louise encaissa les critiques en serrant les dents. Admirer le talent de Damien avait toujours été au cœur de leur histoire et ce lien rompu, il ne restait plus rien. Elle s'énerva sans préavis.

— Tu es qui, toi, pour juger ? lança-t-elle, le menton en avant.

— Quelqu'un qui a beaucoup écouté Bach. Ton Damien ne sera jamais ni Arrau ni Glenn Gould.

La tension de Max, retenue pendant tout le concert, explosait en fins débris de verre, pointus et brillants.

— Il y a de la place pour tout le monde. Il y a les génies et les talents.

— Si tu veux. Mais pourquoi aller applaudir les talents alors que je peux écouter les génies ?

— Les génies sont morts et Damien est vivant. Louise pensait à Rita qu'elle imitait pour lui redonner vie. Une bouffée de rage lui monta aux joues. Il vaut peut-être mieux avoir le courage de prendre modestement la suite des grands que de collectionner des pichets d'eau et des poupées Barbie ! Tu es jaloux, Max, lâcha-t-elle, excédée.

Louise détourna les yeux, affolée par ce qu'elle venait de dire.

Max ne réagit pas, offrant aux passagers de la rame un panel complet de ses tics du moment.

— Excuse-moi, murmura-t-elle.

— Je préfère ne pas faire ce que je ferais mal. Le talent n'est que du travail et il ne sert à rien. Damien ne sert à rien. Il ne laissera aucune trace.

Louise était incapable de répliquer. L'idée trop neuve pour elle avait besoin d'être méditée. Elle soupira et fit un sourire entendu, misant tout sur le non-dit mystérieux pour sauver la face et éviter de dévoiler son manque d'à-propos. De toute façon, c'était une soirée irrécupérable, pensa-t-elle. Elle avait conscience du peu de temps qui lui restait pour espérer conquérir Max avant leur départ de l'appartement. C'était un compte à rebours qui mettait tout le monde sur les nerfs, se dit-elle pour déplacer l'agressivité de Max sur autre chose qu'elle. Silencieux jusqu'à destination, ils se perdirent dans la contemplation des voyageurs en prenant soin de s'ignorer.

10

La porte refermée sur Louise et Max, Cécile quitta à son tour Eva et Raphael qui affrontèrent courageusement le silence et son intimité. Raphael débarrassa la table, fit quelques allers-retours entre le salon et la cuisine. Bras croisés, Eva se promenait dans la pièce en réfléchissant.

— Vous savez Raphael, je vis dans un milieu brutal et violent qui méprise la culture, dit-elle en soupirant. Dans ce monde-là, l'art perd tout intérêt dès qu'il a passé le seuil du musée et qu'on ne peut plus l'acheter. Avec vous, c'est différent, ajouta-t-elle. Vous souriez en travaillant. Si, si, assura-t-elle. Je regarde vos mains passer sur le bois, poncer, vernir. Les mains nous racontent des histoires. Avez-vous remarqué que Louise les utilise différemment en fonction de ce qu'elle mange ? Si le plat lui semble raffiné et qu'il mérite d'être apprécié, elle fait des manières avec ses mains. Quand Max lit, il met une main à plat sur la page qu'il ne lit pas. Parfois il s'interrompt, l'examine avec plaisir, comme s'il était heureux d'en être le propriétaire.

— C'est peut-être aussi le moment où ses mains se reposent, dit-il.

Ils échangèrent un regard profond et complice. Les tics de Max étaient des monstres qui obstruaient les issues de l'appartement.

— Vous avez avancé ? demanda-t-elle, en s'approchant de son tableau posé sur la table à tréteaux.

Raphael retira le drap qui couvrait la toile.

— Oh ! Eva posa ses deux mains devant sa bouche. C'est incroyable !

En enlevant l'épaisse couche de vernis noirci, Raphael avait fait remonter les couleurs d'origine. La scène qu'on avait crue crépusculaire ne l'était plus du tout. La femme se reposait, lascive, sous un ciel d'été bleu parsemé de petits nuages cotonneux.

— Vous voyez, là, dans le coin, on voit l'ombre d'un deuxième personnage. La femme n'est pas seule. L'histoire n'est pas celle que nous imaginions. Ou alors c'est un repentir.

— Un repentir ?

— C'est le nom qu'on donne aux formes cachées que le peintre n'a pas voulu garder et dont il reste des traces. Le nettoyage l'a fait réapparaître.

Eva s'approcha au plus près de la masse sombre à l'extrémité supérieure du panneau droit.

— Que voyez-vous ? demanda Raphael.

— Je vois la silhouette d'un homme. Et pourquoi a-t-on ajouté ce voile sur le corps de la femme ? Il est si transparent qu'il ne cache rien.

— Oui, il n'a sans doute pas été peint pour ça. Je ne sais pas. Je peux le faire disparaître si vous voulez. Mais les retouches sur les tableaux ont aussi leur intérêt. C'est le signe du temps sur l'œuvre. Il ne faut pas forcément le voir comme une traîtrise. Personnellement, je le laisserais.

— Alors laissez-le, dit-elle.

Raphael faisait durer par peur de la suite. Il s'était habitué à la présence d'Eva dans l'appartement et se demandait où elle était quand il ne la voyait plus. En tête à tête, elle retrouvait son inquiétante étrangeté.

— Je prendrais bien l'air, dit-elle. Vous m'accompagnez ?

— Il neige encore, dit Raphael en sortant de l'immeuble. Ça ne vous ennuie pas ?

— Non ! rit-elle. Je suis née dans la neige, vous savez.

Elle enfonça son bonnet jusqu'aux yeux, cacha le bas de son visage sous son écharpe.

— Prête ! dit-elle avec une énergie gamine qui le surprit.

Raphael l'aida à escalader un muret caché par les arbres et qui permettait d'entrer discrètement dans le square. Depuis sa fermeture au public à cause du mauvais temps, le jardin recouvert chaque jour d'une nouvelle couche de neige devenait méconnaissable. Les chemins étaient introuvables, les panneaux n'indiquaient plus rien et les seules traces étaient celles, en forme de minuscules tridents, laissées par les oiseaux. Les branches des arbres étaient plus noires encore sous leurs épaulettes blanches. Autour d'eux, tout était à l'arrêt et le silence avait la qualité d'un silence d'église. Raphael retira du banc la neige qui le recouvrait.

— Vous avez froid, dit Eva en remontant le col du jeune homme contre son cou. Vous ne savez pas vous y prendre avec l'hiver.

Elle releva le bord de son bonnet.

— Vous êtes belle, dit Raphael.

— Ça ne m'a pas porté chance, vous savez. Et puis, vous n'aimez pas les femmes, Raphael.

Raphael se figea. Sans le regarder, Eva lui saisit le bras pour l'empêcher de partir. Puis, sentant qu'il se détendait, elle allongea les jambes et pencha la tête en arrière exactement comme Max l'avait fait quelques jours plus tôt au même endroit.

— Vous m'avez dit que vous étiez venue chez nous parce que vous n'aviez nulle part où aller. C'est vrai ?

— Oui et non.

— Je n'ai jamais vécu seul. Et ça ne me viendrait même pas à l'idée.

— Moi aussi, j'ignore ce que c'est de vivre seul. Vous pensez que cela fait de nous des êtres plus fragiles ?

— Oui. Cécile par exemple est bien plus forte que nous.

— Elle est libre de boire sans être vue et de parler toute seule de tout ce qu'elle veut sans être contredite. Vous trouvez ça mieux ? Que feriez-vous si vous deviez vivre seul ?

— Rien de plus, je crois. Et vous ?

— Je me promènerais toute nue de pièce en pièce en chantonnant. Je vivrais la nuit et je deviendrais grosse. Eva éclata de rire puis, sérieuse, se tourna vers Raphael. Donnez-moi votre main. Vous savez que le silence est un venin, Raphael. Nous en crevons, vous et moi. Et vous savez pourquoi nous nous taisons ? Parce que nous serions incapables de nous justifier si on nous demandait pourquoi nous vivons comme nous vivons. Alors pour ne pas avoir à répondre à ça, nous nous taisons sur tout. Je connais la vie à peine plus que vous mais je sais qui vous êtes parce que nous sommes pareils. Moi, j'ai cédé à l'argent. J'ai pris des habitudes affreuses et j'ai peur de tout. C'est impardonnable et je ne me supporterai que le jour où je m'en libérerai. Et vous, de quoi devez-vous vous libérer ?

Raphael serra la main d'Eva et prit une longue inspiration.

— Un jour, Max a essayé de me tuer. Vous voulez que je vous raconte ? Il est encore temps de me dire non.

— Continuez.

— Nous étions en vacances au bord de la mer. Les Valette nous avaient laissés seuls dans l'appartement. Elles nous laissaient souvent seuls. Elles pensaient que parce que nous étions deux, il ne pouvait rien nous arriver. Raphael eut un petit rire de dépit. Nous regardions la mer du balcon. Max s'est mis dans mon dos et m'a interdit de me retourner. J'ai pensé à un jeu nouveau dont il gardait comme d'habitude les règles pour lui. Il m'a saisi par la taille, avec cette force qu'il a parfois, vous savez. Il m'a plaqué contre le balcon et m'a soulevé. Il allait me balancer du troisième étage mais je n'avais pas peur. Je regrettais seulement de ne pas voir son visage une dernière fois avant de mourir. Les roulés-boulés sont arrivées juste avant que je bascule dans le vide. Elles n'ont rien vu et m'ont sauvé la vie en rentrant au bon moment.

— Pourquoi Max a-t-il fait ça ?

— Pour essayer de se calmer.

— Et vous l'auriez laissé faire ?

— Oui.

— Vous aimez Max, n'est-ce pas ?

Raphael ferma les yeux.

— Je voudrais m'endormir sur ce banc, à côté de vous.

Il s'imagina enseveli avec Eva sous un édredon de neige. À la fin de l'hiver, se dit-il, on les retrouverait main dans la main et raides comme des statues, leurs états d'âme figés dans leurs regards éteints.

Raphael et Eva écoutèrent un moment le silence dans le jardin scintillant et bleuté.

— Louise aime Max, reprit-il. Vous aimez Max. Cécile aime Max. Tout le monde aime Max. Et moi aussi, je l'aime. Du matin au soir, il crie en silence. Il nous fait des grimaces désespérées et personne ne fait rien pour lui.

Eva sentit la détresse de Raphael. Elle avait ouvert les vannes et s'en voulait terriblement. Elle lui proposa encore une fois de rentrer. Il refusa fermement.

— J'ai autre chose à vous dire. Je ne l'ai jamais dit à personne et je ne sais pas si je vais y arriver.

— Pourquoi me le dire alors ?

— Parce que j'ai besoin de l'entendre. Vous comprenez ?

— Je crois.

— Max a toujours été très nerveux, dit-il. Il parlait tout le temps et criait sur tout le monde. Quand les Valette craquaient, il se calmait quelques heures mais une seule chose le calmait vraiment. Raphael avait du mal à parler, comme un nageur à contre-courant. Une seule chose le calmait quand il devenait violent. Max souffrait et je devais l'aider, vous comprenez ? Nous avions un jeu secret. Je lui demandais de rester debout et immobile au milieu de notre chambre. Raphael regarda Eva avec une intensité qui l'inquiéta Il tremblait de froid, le dos arqué sur ses souvenirs. Eva, nous l'avons fait pendant des années. Max était debout et il fermait les yeux. J'enlevais ses vêtements un à un et je le caressais doucement. Je sentais que peu à peu son corps se détendait. Il me laissait faire. Je vous jure qu'il me laissait faire. Et un jour il n'a plus voulu.

Eva rattrapa Raphael juste avant qu'il ne s'écroule tête la première dans la neige. Elle le serra, inerte, dans ses bras, attendit qu'il revienne à lui et l'aida à se relever. Il se laissa guider, indifférent, jusqu'à l'appartement. Eva lui laissa sa chambre et le mit au lit où il s'endormit aussitôt.

Elle retourna dans le salon, déplia le canapé et éteignit les guirlandes lumineuses qui clignotaient pour rien. Puis, allongée sur le lit, elle repensa à la confession bouleversante de Raphael. Eva avait du mal à concevoir que le passé puisse être un ennemi redouté et imbattable car sa mémoire était une source inépuisable de nostalgie heureuse. Loin d'être idylliques, ses souvenirs étaient en tout cas négociables et sans aspérités. Ils se laissaient convoquer sans réticence et n'affichaient jamais d'images ostentatoires. Quand tout allait mal, elle n'avait qu'à fermer les yeux pour retrouver ses merveilleux parents, le lac Inari et les pins jusqu'aux cieux.

Pourtant Eva se demandait souvent si son enfance heureuse ne l'avait pas privée de quelque chose d'essentiel. Cette mémoire torturante donnait aux autres une dimension dramatique et les rendait formidablement complexes et attirants. Elle avait son lot de secrets inavouables mais elles les avait vécus plus tard, adulte et consentante avec d'autres adultes dont elle avait partagé le cynisme et la folie. Elle se dit que Raphael et Max s'étaient inventé en toute innocence des jeux interdits que le temps avait rendus insoutenables. Et Raphael était le gardien jaloux du temple déserté où une poussière sale et tenace avait recouvert leurs peaux d'enfants. La perspective du déménagement et la terreur d'être abandonné ravivait son inquiétude de voir disparaître l'univers clos qu'il prenait pour son seul bonheur possible. Eva frissonna. Quel rôle devait-elle tenir dans ce décor en ruine ? se demanda-t-elle en se glissant tout habillée sous la couette. Perdue et perplexe, elle se dit que tout cela était trop lourd pour elle et se demanda si le moment n'était pas venu de retrouver son enfer familier.

Eva n'arrivait pas à dormir, contaminée par une succession d'images dérangeantes. Max et Raphael dans leur chambre, ses propres enfants qui peut-être s'adonnaient à des jeux équivoques, le visage menaçant de Max derrière Raphael sur le balcon. Après une bonne heure d'inquiétude tous azimuts, elle réussit à plonger de sa falaise de demi-sommeil et dans sa course vers le néant, envahie soudain d'un irrésistible bien-être, elle se sentit délicieusement abandonnée.

Eva se réveilla au milieu de la nuit et au milieu d'un rêve où son plus jeune fils l'appelait « Madame ». Elle se retourna dans le canapé-lit et s'aperçut que Max était couché à côté d'elle, dos tourné.

— Je t'ai réveillé Raphael, murmura-t-il. Excuse-moi, je suis un peu bourré. Merde ! Ça tangue ! Max éclata de rire. On est sur un radeau. Tu dors ?

Le silence se fit dans le salon. Eva ne savait pas quoi faire et ne fit rien, immobile au bord du lit.

— Ça tangue trop, je ne peux pas dormir. Ça te dit de jouer, Raphael ?

Eva sentit quelque chose gratter sous les draps, une main ou un orteil de Max qui perdait le nord.

— Bon, je commence ! reprit Max d'un ton joyeux sans attendre de réponse. C'est facile, tu vas deviner tout de suite. Premièrement, un bocal bleu, des bocaux bleus, une nuée de papillons. À toi de jouer. Il éternua puis renifla. Tu ne dors pas, Raphael, je le sais. Bon, très bien, je continue sans toi. Deuxièmement, des squelettes bossus, un parterre de dahlias. Max rit doucement. Je t'aide. Là, tu vas trouver tout de suite. Troisièmement, des platanes aux mains blanches, des statues sales qui pleurent des larmes de crasse. Il fait beau, je crois. C'est l'été puisqu'il y a des dahlias. Quatrièmement, des méduses effilochées. Max s'énervait, parlait de plus en plus fort. Raphael, c'est facile, bordel ! Elles nous avaient perdus. Souviens-toi, tu comptais pour moi les papillons épinglés pour m'empêcher de le faire, parce que ça te faisait peur que je compte. Max eut un long soupir douloureux. Raphael, je vais en crever ! hurla-t-il. Je ne m'en sortirai jamais ! À quoi ça me sert de compter les gens dans le métro ? À quoi ça me sert de recompter tous les jours le nombre de marches de l'escalier de l'immeuble ? Je ne peux même plus écouter un concert en entier, j'étouffe tout le temps. Max soupira. Alors, tu ne trouves pas ? murmura-t-il. Le désespoir dans sa voix terrifia Eva. Tu sais, avant de rentrer, je suis passé par le square. Il n'y avait pas de neige sur ton banc. Pas de neige du tout. Tu as invité Eva, c'est ça ? Tu sais, elle est venue avec la neige et elle repartira avec. Tu n'as pas deviné ? demanda-t-il après un silence. C'était au Jardin des Plantes. Tu oublies tout, Raphael. Bonne nuit. Tu me rattrapes si je tombe.

Eva retenait son souffle, momie catastrophée, ramassée au bord du vide. Raphael était le gardien du temple mais Max en était le maître et à sa grande surprise, elle constata qu'il n'était pas prêt à en sortir. Il était un jeune dieu qui voulait vivre comme les hommes tout en gardant ses privilèges. Dans le silence de la nuit, elle prit alors une décision. Raphael l'avait aidée et elle aiderait Raphael.

Elle resta sur le qui-vive, dormit par à-coups, vérifiant sans cesse que Max continuait à lui tourner le dos. À l'aube, elle tira Raphael de son lit et le poussa, somnambule conciliant, jusqu'au salon. Elle le recoucha à côté de son cousin puis, incapable de se rendormir sous la couette parfumée à l'ambre de Raphael, elle reprit le fil de sa deuxième vie, réinventée chaque soir depuis quinze ans et enrichie de délicieux détails et de nouveaux chapitres. Là, dans une dimension où les regrets se portaient légèrement, Eva n'avait pas pris à vingt-deux ans l'avion pour la France. Elle était restée en Finlande et avait épousé Jeremias Nummi, son premier amour. Elle avait vécu à Helsinki une vie d'artiste, couru le monde sans argent et sans enfants. Les décors, changeant à vue, étaient inspirés de ces paysages grandioses de son enfance qui continuaient à couler dans ses veines comme une sève et un remède. Mais ce matin-là, ses saynètes sonnèrent faux et pour la première fois, Eva n'accepta plus leur irréalité. Elle pensa à Cécile. Cette femme qui l'intimidait ne devait pas s'embarrasser d'une vie nocturne de remplacement et personne n'avait le pouvoir de la transformer en statue de sel.

Vers neuf heures du matin, l'agent immobilier accompagné de son trio trouva Eva assise dans son lit qui terminait le deuxième tome de sa saga finlandaise.

11

— Foutue neige ! cria Marie-Ange en regardant Louise, Cécile et Eva taper leurs moonboots sur le paillasson.

— Vous feriez mieux de vous déchausser, ajouta Françoise.

C'était un ordre et elles s'exécutèrent.

— On ne vous dérange pas ? demanda Cécile, fourbe et d'avance énervée.

Elle avait failli annuler puis avait finalement cédé face à l'insistance de Louise. Les sœurs Valette les abandonnèrent dans le salon pour préparer du thé. Elles avaient acheté des gâteaux anglais pour Cécile qu'il fallait épater et un Darjeeling de marque pour Eva dont elles avaient repéré les travers luxueux.

De sa Finlande natale à Paris où elle avait fait sa vie, Eva n'avait jamais connu que des lieux rangés par d'autres en son absence. Elle retrouva dans le salon des sœurs Valette ce penchant pour l'air rare, les espaces engorgés et la démesure des encombrements minuscules qui l'avait frappée chez leurs fils. Dans le salon qui jouxtait l'atelier, les canapés étaient recouverts de tissus ensevelis par d'autres tissus et des coussins, eux-mêmes à demi cachés par des plaids. Les motifs s'échappaient des tapis pour remonter le long des murs en suivant des frises compliquées. Les pieds de table se mêlaient aux entrelacs marquetés sur les tiroirs des commodes anciennes. L'œil s'accrochait aux moulures des cadres qui sertissaient des sanguines pour finir pendu aux pampilles d'un lustre trop grand pour la pièce. Le rouge et l'or dominaient. Dans cet endroit inouï où le disharmonieux suivait une logique propre, l'esprit carburait à toute vitesse pour trouver ses marques. La crainte de l'harmonie, ce mot clé du monde d'Eva qu'on alliait au bon goût, semblait chez les Valette avoir donné naissance à un autre équilibre où le laid tuait le beau et l'exotisme tuait le laid.

Les sœurs Valette baissèrent le volume de la télévision. Cécile se vexa qu'elles ne prennent pas la peine de l'éteindre. La télé, pensa-t-elle avec un profond mépris, faisait office de chat ronronnant et de feu de cheminée dans la chaleur suffocante du salon.

Marie-Ange et Françoise étaient plus détendues dans leurs murs et sans leurs fils. Elles n'étaient pas en mission, constata Cécile qui gardait toutefois une dent contre elles. La vente de l'appartement avait été le coup de grâce.

— Louise, à vous ! dit Françoise en sortant d'une housse un fourreau violet en satin luisant.

— Quelle merveille ! s'écria la jeune femme qui s'empressa de se déshabiller.

Cécile détourna la tête. Elle supportait mal la nouvelle impudeur des jeunes filles. Celles qui dans l'amphi ne prenaient même plus la peine de serrer les jambes quand elles étaient en jupe la choquaient profondément. Elle nota qu'Eva avait l'air de trouver ça normal, se rappela que les Nordiques étaient tous plus ou moins naturistes.

Louise sentit couler sur elle une seconde peau, glacée et soyeuse. Françoise remonta dans son dos la fermeture Éclair. La robe se referma sur elle comme un étau.

— Un gant ! cria Marie-Ange. Un gant !

— Lana Turner en pleine gloire ! renchérit sa sœur en applaudissant.

Françoise sortit d'un coffret une grosse broche émaillée, fleur vénéneuse qu'elle épingla sur la robe, au-dessus du sein droit de Louise.

Cécile attendait son tour avec une certaine appréhension.

— À nous ! lui dit Marie-Ange d'un ton légèrement crispé. Max nous a dit que vous souhaitiez une tenue Années folles.

Françoise présenta à Cécile une précieuse robe en soie bleu pâle. Cécile était ravie mais n'en montra rien. Elle demanda où elle pouvait se changer et Marie-Ange l'accompagna jusqu'à sa chambre.

Seule dans la pièce, Cécile éclata de rire. Princesse au petit pois, Marie-Ange Valette dormait dans un lit à baldaquin savamment voilé d'une mantille à franges ouvragée de broderies sévillanes. Une luxueuse moquette feuilles mortes épaisse comme un tapis semblait tout droit sortie d'un hôtel londonien. Face au lit, un mur peint en trompe-l'œil Renaissance, Raphael sans doute, représentait un paysage toscan hérissé de cyprès.

Tout en passant la robe avec d'infinies précautions, Cécile remarqua, posée sur une commode, une photo en noir et blanc dans un cadre argenté. Les Valette au grand complet, côte à côte contre un muret de pierre et l'air en vacances, souriaient à l'objectif. Cécile n'avait jamais vu de photo des pères de Max et Raphael. Elle ne connaissait même pas leurs prénoms. Max se tenait debout contre les jambes de l'un et Raphael tenait la main de l'autre. Les deux hommes devaient avoir l'âge de leurs fils aujourd'hui, se dit Cécile. Elle prit la photo et, assise sous le baldaquin, l'examina en détails. Un pan entier de la vie des Valette s'ouvrit d'un coup, tel un secret de famille découvert par hasard. Une foule de questions qu'elle ne s'était jamais posées affluèrent alors à propos de ses voisins. Quelle déchirure avait été pour les deux garçons la perte de leurs pères ? Comment avaient-ils vécu cette terrible fantaisie du destin ? Comment leurs mères les avaient-elles consolés ? Que leur avaient-elles dit ? Les deux hommes étaient aussi beaux que leurs fils et ils leur ressemblaient. Troublée, elle découvrait que Max et Raphael vivaient depuis des années avec un trou dans le cœur, une béance impossible à combler qui avait changé le cours de leur existence. Elle se dit qu'avant l'accident ils avaient peut-être été gais et légers. En parlaient-ils entre eux ? Quels souvenirs gardaient-ils de leurs pères ?

Il devait subsister des odeurs, leurs voix et de multiples preuves d'amour. Cécile pensa à son père qu'elle avait perdu à trente ans et dont elle gardait une immense nostalgie. Elle pensa que Max et Raphael avaient été abandonnés par les bons morts et laissés aux mains des mauvais vivants. Mais tout en refermant doucement la porte, elle se dit qu'au fond elle n'était sûre de rien.

On fit tourner Cécile dans le salon, trois ou quatre fois. Elle se prêta au jeu, les bras le long du corps pour en faire oublier la mollesse et en marchant sur la pointe des pieds pour affiner ses chevilles. Gênée par les regards alentour qui soupesaient ses rondeurs, elle se rappela que personne ne l'avait vue nue depuis huit ans. C'était un choix qu'elle avait fait à froid mais le rappel la poignarda comme un scandale. Cécile avait un jour décidé qu'elle ne pouvait plus aimer ni être aimée à cause de ce corps vieilli que sa fierté empêchait d'exposer aux regards. C'était une interdiction terrible qu'elle aurait pu enfreindre si elle l'avait voulu, mais elle en était incapable car elle ne faisait confiance à personne, accusant a priori tout le monde de la même dureté que celle qu'elle s'imposait.

Plantée au milieu du salon, immobilisée par les Valette qui l'épinglaient des bretelles à l'ourlet, elle pensa à Charles Danglars. Il l'avait appelée quelques heures plus tôt et ils étaient restés très longtemps au téléphone. Se découvrant presque voisins, il l'avait invitée à dîner chez lui. Tout cela en riant et comme si la vie était très simple. Un évident manque d'assurance derrière sa frime, certaines hésitations et des silences avaient joué pour lui et Cécile avait accepté de le voir à son retour de Londres. Face à elle-même, en pied devant le miroir, elle se demanda si elle avait eu raison de céder à son invitation.

— Ça fera l'affaire, dit Marie-Ange en libérant Cécile.

— Qu'est-ce que c'est que ce coffret ? demanda Eva qui se promenait dans la pièce comme un badaud aux puces.

— C'est la réplique d'une boîte à mouches du XVIIIe que nous avons gardée d'un tournage.

— Je peux ? demanda-t-elle en l'ouvrant délicatement.

— Bien sûr, dit Françoise.

Eva sortit de la boîte une poignée de petits cercles noirs.

— Je croyais que les mouches étaient dessinées sur le visage.

— Non, on masquait les imperfections de la peau avec ces petits bouts de taffetas, parfois c'était de la mousseline ou du velours. Plus tard, on s'est mis à s'en coller partout, imperfections ou pas. Certaines n'hésitaient pas à en mettre dix en même temps ! Les hommes aussi les avaient adoptées.

— C'est drôle ! dit Louise. J'aimerais bien essayer.

Françoise lui apporta une éponge humide pour les faire tenir.

Eva, Louise puis Cécile rhabillée se plantèrent côte à côte devant le grand miroir du salon.

Les trois femmes collèrent les mouches ici ou là sur leurs visages, comme autant de minuscules gommettes.

— Attention ! rit Marie-Ange. Les mouches avaient leur langage. Elle s'approcha du visage d'Eva, passa un doigt sur celle qu'elle avait collée sur son front. La majestueuse ! dit-elle.

— Et celle-ci ? demanda Eva en désignant le petit cercle posé sous sa lèvre inférieure.

— Celle-ci prévient que vous savez garder un secret.

Eva regarda Marie-Ange d'un air qui la frappa.

— Je vous ai choquée ? demanda celle-ci.

— Non, non, répondit Eva, songeuse, en s'éloignant du miroir.

— Et moi ? demanda Louise.

— Alors, près de l'œil. Vous annoncez au monde que vous êtes une passionnée.

— Et Cécile ?

— Montrez-moi ? Mmm, fit Marie-Ange. La mouche en bas de la joue. Vous annoncez que vous êtes mariée.

— Ah ! fit Cécile, l'air de rien, c'est amusant.

— Eva n'a pas de costume, fit remarquer Louise qui, décidément, était comme un poisson dans l'eau dans ce gynécée de circonstance.

— Nous ne savions pas que vous seriez de la fête, s'excusa Françoise.

Cécile nota que les deux Valette s'adressaient à la femme du milliardaire avec une pointe de snobisme qu'elles croyaient sans doute partager avec elle et dont le ridicule semblait ne pas échapper à la très grande bourgeoise qu'était Eva.

— Je voudrais un costume d'homme, dit celle-ci.

— Je vous aurais plutôt vue en reine des neiges, dit Louise. Dans une longue robe pailletée d'étoiles, la tête couverte d'un diadème et un sceptre argenté dans la main.

— Moi, je vous imaginais plutôt en astronaute, consentant enfin à sortir de son lem, dit Cécile avec une légèreté étudiée.

Françoise la voyait préraphaélite et Marie-Ange plutôt moyenâgeuse.

— Non. Un costume d'homme me conviendrait parfaitement, dit-elle souriante et ferme.

Marie-Ange et Françoise se consultèrent, disparurent quelques instants et revinrent avec plusieurs vêtements pliés, posés à plat sur leurs avant-bras.

Eva découvrit à son tour le lit à baldaquin et la photo de famille. Ignorant à peu près tout de la vie de Max et de Raphael, elle se contenta de noter que leurs pères étaient beaux. Comme Cécile, elle pensa à son propre père dont la mort récente à un âge avancé lui avait semblé dans l'ordre des choses. Seule l'idée de la mort, à laquelle elle n'avait encore jamais été confrontée, l'avait affolée, odieux rappel à l'ordre de l'éternelle absence, celle des autres et aussi la sienne.

Les sœurs Valette admirèrent la silhouette parfaite et androgyne d'Eva.

— On dirait Montesquiou sans ses moustaches ! rit Françoise en tapant des mains. Il ne lui manque que la canne et les gants de chamois. Un parfait dandy ! Eh bien, voilà. Tu es satisfaite, Marie-Ange ?

Elles insistèrent pour que leurs visiteuses terminent leurs pâtisseries avant de partir. Alors qu'elle s'apprêtait à se lever, Louise poussa un petit cri en voyant le visage du mari d'Eva sur l'écran de télévision. Le son au plus bas ne permettait pas d'entendre le commentaire du journaliste sur les images du flash d'informations. On voyait l'homme d'affaires devant la porte en fer forgé d'un immeuble cossu s'adresser à une meute de journalistes qui se bousculaient autour de lui. Eva reconnut, un peu en retrait, leur avocat et leur garde du corps. Elle détourna la tête. Françoise saisit la télécommande et coupa l'image sans attendre.

Toutes partagèrent le même recueillement silencieux face à ce retour en force de la réalité dans le salon de couture. La futilité de l'après-midi mise à mal, elles se levèrent en même temps, vaguement honteuses et mal à l'aise. Pour la première fois, Marie-Ange et Françoise épargnèrent à Cécile le régime particulier de froideur auquel elles l'avaient soumise depuis trois ans. Elles l'embrassèrent aussi généreusement que les deux autres.

En sortant de l'immeuble, les trois femmes inspirèrent telles des noyées l'air glacé de la rue puis décidèrent de rentrer à pied. Eva était ailleurs et marchait en retrait. Se souvenant que Cécile partait le lendemain pour Londres, Louise lui posa des questions, auxquelles elle répondit a minima, encore échaudée par ses débordements alcoolisés de la veille. Ainsi, elle lui cacha le pire sur sa mère gâteuse et sur son frère écrivain de romans policiers, sale, mal élevé et complètement pervers.

— Deux jours ! dit-elle fermement, comme si sa jeune voisine avait eu l'intention de l'empêcher de rentrer. Pas une minute de plus !

Questionnée à son tour, Louise resta assez floue sur ses projets de fin d'année.

— Les Valette ont de drôles de mœurs, dit Cécile. Ils ne fêtent jamais Noël ensemble. Une sombre histoire qui remonte à une dizaine d'années. Je n'ai pas réussi à savoir. Vous voulez voir ce que fait Max quand tout le monde dort ? demanda-t-elle en éclatant de rire.

Cécile pointa du doigt un immense tag qui recouvrait presque entièrement le mur de gauche d'un immeuble, laissé visible par le voisinage d'une petite maison de ville.

— Mon Dieu ! cria Louise. Qu'est-ce que c'est que ça ?

Une chose sanguinolente qui ressemblait un peu à un sanglier géant pendu par les pieds présentait aux passants un énorme sexe en érection agrémenté d'une aussi énorme paire de couilles.

— Ça a fait un certain scandale dans le quartier, dit Cécile. Max a été arrêté. Des associations de quartier ont crié à la censure et il n'a écopé que d'une amende. C'est devenu une curiosité. Je vois tout le temps des gens le photographier.

— C'est spécial ! dit Louise, épouvantée.

C'était immonde et spectaculaire, l'œuvre d'un fou qui savait y faire, pensa-t-elle. Confuse et désorientée, elle laissa Eva et Cécile partir devant pour observer tranquillement le tag de Max. Elle se demanda, extrêmement perplexe, si dans cette ville étrange on pratiquait aussi dans les lits des rites qu'elle ignorait. Les deux autres femmes n'avaient pas eu l'air particulièrement choquées par cette bête affreuse. Elle regarda le sexe énorme de l'animal et se demanda pourquoi Max avait ressenti le besoin de le dessiner si gros. Voulait-il là encore bousculer, irriter, agacer gratuitement comme il le faisait quotidiennement avec son entourage ? Elle aurait donné cher à cet instant pour savoir de quoi était faite une nuit avec lui. Perdait-il ses tics dans ces moments où on perdait tout ? Était-il égoïste ou attentionné ? On ne sait jamais comment les gens font l'amour, se dit-elle. C'est le secret le plus banal et le mieux gardé, une des rares choses que l'on ne peut connaître qu'en le vivant. La tête en vrac, elle rattrapa Cécile et Eva à la hauteur du carrefour. Une très grande émotion la saisit en s'approchant des deux femmes. De dos et courbées par le froid, elle les trouva aussi fragiles que des figurines. Éperdument proche d'elles tout à coup, Louise se découvrit prête à tout pour les sauver de la casse.

Louise n'aima pas du tout trouver Damien dans l'appartement.

— J'ai eu ton adresse par ta mère, dit-il, pas très sûr de lui.

Max souriait en la regardant. Il savourait quelque chose qui énerva beaucoup Louise.

— Raphael est sur son banc, dit-elle, espérant que Max comprendrait le message. Elle ne supportait pas d'être dans la même pièce que les deux hommes. Tu ne vas pas le chercher ? demanda-t-elle franco.

— Non, pourquoi ? Il fait ce qu'il veut. J'ai proposé à Damien de rester dîner.

— Impossible, lança Louise. Mets ton manteau, Damien, on sort.

Damien obéit comme il l'avait toujours fait et quitta les lieux sans se retourner, ignorant Max qui n'était rien pour lui.

12

Le lendemain matin, valise au pied, Cécile passa dire au revoir. Elle annonça qu'elle était pressée et refusa d'entrer. Raphael et Max lui trouvèrent mauvaise mine sous son fond de teint en paquets et ses paupières irisées. Son passage chez l'artiste du quartier n'avait pas réussi à redonner à sa chevelure sa tenue habituelle. Elle sentait le gin derrière la pastille de menthe.

— Je rentre après-demain, dit-elle avec une gravité inhabituelle.

Son voyage la minait tellement, pensa Max, qu'elle arriverait à Londres déjà usée par ses a priori.

— Louise et Eva ne sont pas là ?

Max lâcha deux très vilaines grimaces.

— Louise est sortie hier soir avec son ami pianiste et elle n'est pas rentrée. Eva est dans sa chambre.

Cécile prit note. Elle les trouvait bizarres mais n'ajouta rien.

— J'y vais. Mon taxi est en bas.

— Joyeux Noël, Cécile, lui glissa Max à l'oreille.

La porte de l'ascenseur refermée sur elle, Cécile réprima un cri en découvrant son reflet dans le miroir éclairé par un méchant néon. Elle se dit que son visage était celui d'une femme finie, grimée pour la galerie et déjà à moitié morte à l'intérieur. Quand Cécile buvait trop et plusieurs jours de suite, l'alcool aigrissait son humeur, elle le savait. Dos à son double qu'elle ne voulait plus voir, elle eut une pensée haineuse pour Charles Danglars qui jouait les séducteurs autour d'un épouvantail. On vieillit d'un coup, murmura-t-elle en ouvrant la porte du hall, et on perd ce qui nous reste de jeunesse en imitant les vieux pour se faire accepter dans leurs rangs.

Du taxi, elle aperçut Louise qui courait en direction de l'immeuble.

Après la terreur de Cécile, la panique de Louise s'inséra à son tour dans la mémoire creuse du miroir de l'ascenseur. Les variations les plus intimes marquaient les traits de son visage et racontaient son histoire dans les moindres détails. Ainsi sa nuit agitée était-elle lisible à la phrase près sur ses joues calcinées par la barbe de Damien. Ses deux ou trois heures de sommeil lui avaient buriné le teint et noirci le contour des yeux. La bouche éclatée et la frange mal rangée achevaient de lui donner l'air d'une victime de viol collectif.

Dès l'entrée, elle sentit que quelque chose n'allait pas. Il y avait dans l'appartement une atmosphère de départ, des sacs au milieu du salon qu'on avait bourrés de vêtements en boule. Personne ne fit grand cas de son allure de rescapée. Plantée au milieu de la pièce, elle encombrait comme un meuble.

— Qu'est-ce qui se passe ici ?

— Eva a repéré la voiture de son mari au coin de la rue.

Max avait le ton exaspéré du joueur qui a commencé une partie alors qu'un intrus s'ajoute sans connaître les règles.

— Comment vous a-t-il retrouvée ? demanda-t-elle à Eva.

— À cause du tableau, sans doute.

Il y eut un silence.

— Vous partez.

Ce n'était pas une question. Louise prenait conscience qu'une fois envolée cette femme disparaîtrait complètement, happée par un monde inconciliable avec le leur. C'était dans l'ordre des choses qu'Eva la majestueuse s'en aille. Sentant soudain que Raphael et Max avaient également l'air en partance, elle pensa, très inquiète, qu'on allait jouer sans elle.

— Vous partez aussi ? demanda-t-elle, l'air de ne pas y toucher.

Max arrêta sa course dans l'appartement, lui expliqua qu'Eva n'avait pas l'intention de rentrer chez elle et qu'ils partaient tous les trois. Le visage de Louise, déjà perturbé, se décomposa sous le regard impatienté de Max.

— Je peux venir avec vous ? demanda-t-elle.

Louise était une petite fille qui dansait encore devant sa glace et que la quarantaine des cours de récréation blessait toujours autant.

— Tu as cinq minutes, dit Max.

Louise fila faire son sac sans demander de détails. Décidément, ces deux-là ne pouvaient pas imaginer un 24 décembre ordinaire et elle vit s'éloigner ses projets de réveillon sous le sapin comme un rêve classique presque ennuyeux, rétrospectivement.

Ils prirent l'escalier de service jusqu'à la cave, se perdirent dans un dédale de couloirs éclairés par des ampoules nues et faiblardes. Dans la panique, Louise cassa sous sa chaussure une coupelle de mort aux rats et Eva accrocha son châle à un clou qui dépassait d'un mur. Max cherchait une porte qui donnait sur les caves de l'immeuble voisin, un souvenir plus flou qu'il ne l'avait imaginé de leurs séjours chez la grand-mère Valette pendant de très anciennes vacances scolaires.

— Bordel ! cria-t-il. Où est cette putain de porte ?

Raphael finit par découvrir l'issue à moitié masquée par un tas de vieux cartons. Louise s'activa avec les deux cousins pour dégager l'accès. En retrait et silencieuse, Eva les regardait faire.

La porte jamais ouverte résista longtemps, lâcha enfin dans un pschitt de vieille poussière. Ils se retrouvèrent dans un autre dédale de couloirs identiques, remontèrent un escalier de pierre jusqu'à une autre porte dont Max possédait également la clé. La grand-mère Valette avait dans son sac de ces mystérieux cadeaux dont elle avait partagé l'histoire fumeuse avec Max, son préféré, qui la faisait tant rire. Du hall de l'immeuble voisin, ils se dépêchèrent de contourner le square hors de vue du mari ou de son gorille. Ils se serrèrent sur la banquette dans la camionnette qui puait la voiture crevée, Max au volant, Eva à côté de lui et Raphael tout contre Louise tassée contre la porte.

— Où on va ? demanda Raphael qui détestait voyager, quelle que soit la destination ou la façon de se déplacer.

— Au Havre.

Personne ne fit de commentaire. Eva ne savait rien du Havre, Louise à peine plus et Raphael savait seulement que Max y avait passé quelques semaines pour un tournage l'année précédente.

Après le périphérique salé correctement et un bout d'autoroute mouillée sans plus, Max prit une bretelle et s'engagea sur la route nationale. La neige revenue en force l'obligea à conduire plus lentement et prudemment. Dans la camionnette embuée, tout le monde serrait les fesses et freinait régulièrement dans le vide. Un beau soleil d'hiver dilué dans un ciel blanc faisait rayonner la neige. Dans les champs, des éoliennes en rang inspiraient des craintes d'idoles venues du ciel. On entendait parfois des objets s'entrechoquer à l'arrière, la camionnette servant d'annexe à l'accessoiriste, roulotte bordélique d'un montreur d'ours itinérant.

— Je suis désolée, murmura Eva.

— De quoi ? demanda Max.

— De vous avoir entraînés dans cette galère.

— Ce n'est pas une galère, sourit Max.

Louise remarqua qu'il avait l'air radieux.

— J'ai les boules d'avoir raté Cécile, dit-elle.

— Tu l'as manquée d'une minute, dit Raphael.

— Je sais, j'ai senti son parfum dans l'ascenseur.

Louise se sentait très mal. Elle regrettait la nuit qu'elle venait de passer et n'arrivait pas à se pardonner son manque de volonté. Elle avait fait l'amour avec une rage amère que Damien avait prise pour, enfin, de la passion. Pourtant, comme les riches ont peur qu'on les aime pour leur argent, le pianiste avait signé son arrêt de mort en sous-entendant qu'il n'était pas dupe et qu'elle commençait à s'intéresser à lui à cause de son succès. Écœurée, Louise n'avait pas relevé et l'avait quitté le matin en se disant qu'elle ne le reverrait plus.

Coincé entre Louise et Eva, Raphael avait du mal à respirer. Il n'arrivait pas à se pardonner sa confession à Eva et la regarder en face était devenu une torture. Sans oublier Louise qui l'avait trouvé dans le couloir. Celle-ci posa fermement sa main sur son bras.

— Ça va ? demanda-t-elle. C'est beau, non ?

Raphael détestait qu'on le touche mais la vie était plus forte que lui et il finissait toujours par s'y conformer. Contrairement à Max qui se battait, lui se coulait dans les moules en pensant à autre chose. Ainsi, il accepta sans réagir le contact de Louise, aléa de plus dans ce voyage imposé.

Eva contre l'épaule de Raphael pensait à lui. Elle essayait d'imaginer l'emprise des mains de Max sur sa taille alors qu'il le hissait sur le balcon. Peut-on aimer quelqu'un au point d'accepter qu'il nous tue ? La question l'obsédait. Contre toute logique et malgré la désolation de leur vie, Eva les enviait.

Dans un village, Max s'arrêta pour acheter des sandwichs qu'ils mangèrent en roulant.

— On approche, dit-il.

Le jour tombait déjà et la neige était bleu clair.

— On va à l'hôtel ? demanda Louise.

Max expliqua qu'avant de partir, il avait appelé une fille qu'il connaissait au Havre.

— Elle est à la montagne et nous laisse son appartement jusqu'à son retour.

— Au Havre, dit Louise, perplexe.

Les clés étaient sous le paillasson, déposées par la voisine. Sinistre et poussiéreux, l'appartement était celui d'une vieille jeune fille. Un très grand balcon ouvrait sur la mer et au bout du couloir, deux chambres donnaient sur la ville cachée par la nuit. Chacun visita l'appartement pour soi, comme on vérifie dans une location que tout est identique au dépliant publicitaire. Puis, un peu écœurés les uns des autres, ils trouvèrent, hormis Louise à qui on l'imposait, un moyen de s'isoler. Raphael dans une chambre, Eva dans l'autre. Max préféra sortir prendre l'air.

Louise tourna en rond, chercha ses marques. Elle se dit qu'il était trop tard pour organiser un vrai dîner de réveillon mais il fallait quand même trouver de quoi manger pour le soir. Elle explora la cuisine et nota que la propriétaire devait être végétarienne. Les placards étaient remplis de légumes secs, de pâtes marron et de boîtes de steaks de soja sous vide. Découragée, elle retourna dans le salon déserté, découvrit dans un cadre une photo de Max perdue au milieu d'un pêle-mêle. Il souriait à l'objectif en tenant enlacée une jolie blonde qui devait être la fille de l'appartement. Louise se dit qu'au fond, tout le monde pouvait avoir une histoire avec le beau Max sauf elle. Les choses auraient sûrement été différentes à Bordeaux, pensa-t-elle, gagnée par l'amertume. Là, Max l'aurait remarquée tout de suite car elle y était de celles qu'il fallait connaître. Mais à Paris, dans cette ville monstre où tout le monde était bon, elle ne valait plus rien. Au studio, des danseurs de claquettes éblouissants n'avaient même pas ses ambitions. Max et Raphael étaient brillants et cultivés, à leur manière légère et déconcertante. Cécile était sans aucun doute une grande professionnelle et Eva faisait partie d'une classe sociale aux sophistications introuvables en province. Louise avait eu le réflexe du rapport de forces avant d'abandonner parce qu'il fallait être deux pour se battre et que les autres n'y pensaient même pas. Paris, son talent et son indifférence l'avaient usée en quelques mois, admit-elle, au bord des larmes. Ses grandes résolutions sous l'œil protecteur de Bob Mitchum n'avaient déjà plus cours. Manquant d'air, elle sortit sur le balcon. Le vent de mer lui balança une gifle glacée qu'elle prit comme la confirmation de sa nullité.

Elle retourna dans le salon puis alluma la télévision pour passer le temps. Sur toutes les chaînes, on se préparait à réveillonner. Des animateurs en tenue de soirée évoluaient au milieu d'animaux de la forêt empaillés et de faux sapins blancs. Plus loin sur le câble où elle erra sans conviction, elle tomba sur des images repeintes de Méliès qu'elle reconnut tout de suite à leurs couleurs criardes et baveuses. Elle pensa à sa tante cinéphile qui vouait un culte au génie fou des studios de Montreuil dont elle regardait les films en se tapant les cuisses avec enthousiasme. Là, dans la boîte magique du cinéaste, une sorcière à balai disparaissait derrière un écran de fumée orange et verte dans un décor de ruines en carton-pâte flageolant. Des filles en culottes bouffantes sorties de boîtes à diablotins couraient en tous sens en agitant les bras, poursuivies par des monstres marins qui crachaient des flammes raides pendant que des barbus en cape rouge s'agenouillaient aux pieds d'amoureuses démonstratives. Est-il nécessaire de prendre la vie au sérieux ? se demanda-t-elle. Une citation qu'elle avait lue quelque part lui revint en mémoire. « C'est quand tout est fini que tout commence. » La phrase qui l'avait marquée sans la toucher lui sembla tout à coup lumineuse. Rien ne se passait comme elle l'avait imaginé et elle se dit que bien sûr il fallait des fins pour qu'il y ait des commencements. Elle pensa alors à Cécile et à son horreur des citations. La chaleur de radiateur électrique de sa voisine, son parfum chic allongé au gin, ses bagues fantaisie et son léger embonpoint de mère lui manquèrent alors terriblement dans le salon inconnu où le temps ne passait pas. Louise éteignit la télévision et s'allongea sur le canapé. Transformé en murmure par les doubles vitrages, le grondement de la mer la berça jusqu'au sommeil.

Max rentra les bras chargés, réveilla Louise de loin en lui criant que c'était la fête et qu'il n'avait pas l'intention de la faire tout seul. La brutalité de Max était particulièrement odieuse au réveil. Raphael et Eva en firent également les frais, dérangés ou réveillés en sursaut par des coups violents frappés aux portes des chambres. En traînant en ville, Max avait trouvé un traiteur encore ouvert. Il créa dans l'appartement une atmosphère acceptable en déplaçant les lampes, alluma sans scrupule des bougies de décoration et rapporta de la camionnette des CD pour l'ambiance. Le tombeau de la vieille fille prenait vie, c'était le métier de Max qu'on applaudit chaudement. Si quelques heures plus tôt chacun s'était demandé à part soi ce qu'il faisait là, la question ne se posait plus. La lassitude d'une possible errance avait laissé place à une envie collective et enthousiaste de réussir ce réveillon d'exilés.

Après le dîner et deux bouteilles de champagne plus loin, il y eut un léger flottement. Il était trop tôt pour aller se coucher et le vent qui s'écrasait contre les vitres ne donnait pas envie d'affronter l'extérieur. Les discussions n'en étaient pas vraiment. On échangeait plutôt des propos décousus émaillés de rires sages car c'était une soirée douce. Max avait baissé la garde et laissait les autres s'exprimer à leur rythme. Il observait. Surtout Eva, un peu en retrait comme à son habitude. Elle ressemblait à un ange mais dans l'imagerie personnelle de Max, les anges n'étaient pas des saints. Ils cachaient leur sexe, leurs jeux et leurs amours.

La table débarrassée, il proposa de jouer.

— À quoi ? demanda Louise avec enthousiasme.

Personne ne remarqua l'appréhension d'Eva qui gardait en tête le jeu angoissant de Max dans le canapé-lit. Raphael reconnut dans la voix de son cousin cette urgence à laquelle il lui était impossible de résister.

Max expliqua que le jeu consistait à deviner des tableaux à partir d'indices mimés.

— Quoi ? Des tableaux ? Je ne connais rien à la peinture, s'affola Louise.

— C'est ce que tu crois.

— Non ! insista-t-elle. Je n'y connais vraiment rien.

Raphael et Max ne faisaient aucune différence entre les enfants qu'ils avaient été et les hommes qu'ils étaient devenus, pensa Eva, tout à coup très lasse. Ils niaient le temps. Leurs jeux aux règles datées et immuables étaient comme une langue à la grammaire figée qu'ils étaient les seuls à comprendre et à pratiquer. Elle se dit qu'ils ne pouvaient s'approcher qu'en jouant et en tenant les autres à distance, spectateurs naufragés en quarantaine à la périphérie de leur île.

Elle annonça qu'elle les regarderait jouer sans participer. Un peu inquiète, Louise accepta finalement de se lancer, pour gagner son droit à en être, quitte à se ridiculiser.

Max demanda qui voulait commencer. Raphael se leva, long corps de troubadour empêtré. Il se mit de profil et posa un pied sur le bras d'un fauteuil, un coude sur son genou plié. Il pointa enfin son index face à lui.

Max éclata de rire.

— Merde, Raphael, tu déconnes ! C'est trop facile ! Ingres. *Œdipe et le Sphinx* ! dit-il en buvant au goulot une liqueur de châtaigne trouvée dans un placard. À moi !

Louise se raidit.

— Je ne joue pas, dit-elle. C'est impossible de trouver.

Une fois encore, elle prit en pleine face la connivence des deux cousins.

Max ignora Louise. Assis sur une chaise, il attrapa et serra son mollet droit. Suivit une série de grimaces atroces, ses tics démultipliés jusqu'à la caricature.

Tous regardèrent gênés et inquiets le visage et le corps de Max, entravés par d'invisibles chaînes.

— Je ne trouve pas, dit Raphael pour mettre un terme au supplice.

— Bacon ! *Autoportrait, 1973*. Tu as perdu, je rejoue.

Max s'allongea sur le canapé, croisa les jambes, posa la main sur son sexe, un bras recourbé sur l'accoudoir.

— *L'Olympia* de Manet ? hasarda Eva.

— Bravo ! À vous !

— Non, je laisse ma place à Louise.

Louise s'exécuta à contrecœur. Elle se planta au milieu du salon, incapable de trouver le moindre tableau à mimer. Elle se souvint alors d'une petite reproduction qu'elle avait vue dans l'entrée de l'appartement de Cécile. Ignorant qui l'avait peinte et comment elle s'appelait, elle se jeta à l'eau en espérant qu'on devinerait à sa place. Elle ôta ses chaussures, demanda si elle avait droit aux accessoires. Max lui accorda cette entorse à la règle. Elle prit l'écharpe de Raphael qui traînait sur une commode, la posa négligemment sur ses épaules pour figurer le serpent du tableau puis sortit de son sac un stylo qu'elle tint à l'horizontale contre sa bouche. Louise tapota sur le stylo de ses doigts repliés. Le cœur battant à tout rompre, elle priait pour qu'ils trouvent.

— Qu'est-ce qu'elle fait avec ce stylo ? demanda Max.

Louise fit mine de souffler dessus.

— Elle joue de la flûte, dit Raphael.

— Heu ! dit Max, un doigt pointé vers Louise. Le Douanier Rousseau. C'est ça ? Louise continuait à souffler sur le stylo, incapable de lui répondre. Le Douanier Rousseau, *La Charmeuse de serpent* ! ajouta-t-il.

Sans attendre, il se leva pour prendre son tour.

Après cela, la partie se joua exclusivement entre les deux cousins. Les yeux fermés, Eva les entendit évoquer Ensor, Picasso ou Warhol. Leurs rires et leurs corps la frôlaient dans l'obscurité. Ailleurs, ses fils devaient eux aussi jouer sur le tapis du salon, se dit-elle. On avait dû les couvrir de cadeaux pour leur faire oublier l'absence de leur mère. Pourtant, et pour rien au monde ce soir-là, Eva n'aurait voulu être ailleurs. Ce radeau de fortune dans une ville inconnue était tout ce qu'elle désirait.

Ils restèrent dans l'appartement toute la matinée du lendemain, effrayés par le spectacle de la ville dont la nuit leur avait dissimulé la dureté. Dernier levé, Max leur vendit les lieux comme une expérience, « surtout l'église » de l'architecte Perret qu'il semblait connaître personnellement. Frigorifiés et moyennement motivés, ils suivirent leur guide dans une maquette de rues désertes et d'immeubles d'après-guerre tous identiques.

— Où qu'il aille, l'homme est pris dans une multitude de perspectives, d'angles et de hauteurs. Max marchait vite, grelottait en sautillant, l'œil partout. Il doit s'adapter en permanence, résoudre des illusions d'optique, contourner des obstacles et régler des problèmes mathématiques. La ville est un casse-tête qui mobilise ses sens parce qu'elle ne va pas de soi. L'homme y est immense et minuscule.

De sa voix douce et mangée par le vent, Eva lui dit qu'il décrivait un monde déjà vieux. Elle évoqua les progrès de la science, les voix mécaniques qui nous guident partout où nous allons. Eva avait raison mais la vérité n'était pas le problème de Max. Il tenait à ses idées et au vertige qu'elles lui procuraient.

— Le monde a deux vitesses, Eva. Le progrès court et l'homme essaie de courir derrière. Il s'essouffle, jamais tranquille. Il ne mesure pas ce qu'il perd en route.

— Quoi par exemple ? demanda Louise.

— Le plaisir de se tromper de chemin. Et le hasard aussi.

— Je pensais que vous étiez un homme de votre temps, sourit Eva.

— Être de son temps ne veut pas dire qu'on en prend tout. Je n'en garde que ce qui m'intéresse.

— Et ça, ça te fait rêver ? demanda Louise en montrant une rangée de petits immeubles de béton.

Sous les arcades, le vent criait comme enfermé dans un tuyau. Des lignes partout, des losanges sur les balcons, la signature du maître à travers la ville soumettait les passants à son ordre et à sa tyrannie.

Raphael était mutique. Il avait fait un pas de côté pour échapper au bras de Louise et marchait en regardant ses pieds. Qui allait faire taire Max ? Incapable de le faire lui-même, il se dit que Max souhaitait le hasard mais n'en laissait rien aux autres. Cécile appela de Saint-Pancras pour les prévenir de son retour le soir-même. Max ironisa sur sa possible humeur de dogue et Eva posa des questions sur la vie amoureuse de leur voisine. Raphael se méfiait du venin de son cousin et refusa de le laisser expliquer les choses à sa place.

— Nous ne l'avons connue que célibataire, dit-il. Elle a peut-être été amoureuse, mais il n'en est rien resté. Les livres ont remplacé les hommes dans sa vie. Pour elle, la littérature est une façon de vivre.

Il raconta que l'hiver précédent une sale bronchite l'avait clouée au lit pendant plusieurs semaines. Cécile avait eu peur, persuadée que c'était grave et qu'elle allait mourir. Raphael et Max s'étaient relayés dans l'appartement pour s'occuper d'elle. Un soir, très fiévreuse, elle avait paniqué et s'était mise à parler comme on fait son testament. Inquiète pour sa bibliothèque, elle leur avait dit que personne ne la méritait. Elle disait que la culture qu'elle avait patiemment construite était une œuvre unique qui disparaîtrait avec elle.

— Cécile ne comprend pas comment on peut se passer de son intelligence, ajouta Max.

— C'est vrai, dit Eva, songeuse. Pourquoi se priver de l'intelligence des autres. Nous refusons d'apprendre ?

— Nous pensons que nous avons trop de problèmes à régler d'urgence et que le reste peut attendre, dit Raphael. Nous faisons des collections, nous réparons des objets cassés. Nous avons toujours mieux à faire que de nous cultiver.

Ils avaient atteint le bout de l'avenue et débouché sur une mer grise assortie aux immeubles. De la promenade qui longeait la plage, ils contemplèrent les cargos chargés de leurs conteneurs multicolores qui affichaient sereins et hors du temps leur lenteur exotique.

Mais Max les épuisa jusqu'au bout en les forçant à visiter l'église. Il les précéda dans l'édifice, sûr de son coup, jusqu'à l'immense clocher évidé et parsemé d'une multitude de petits vitraux multicolores, perle d'architecture qu'ils découvrirent médusés, pris d'un vertige inversé, du bas vers le haut.

Raphael s'assit face à l'autel, bloc blanc qui ressemblait à un os de seiche poli et poreux pendant que Max prenait des photos avec son téléphone. Les Valette les avaient élevés dans le mépris de la religion. Elles n'avaient que faire des vices ou des vertus et n'étaient pas prêtes à expier quoi que ce soit. Max n'avait jamais cherché plus loin qu'elles et avait très tôt rangé religion et histoire ensemble dans le même dossier. Raphael y avait pensé pour tout le monde et expérimenté les tortures de la faute sans les lumières du pardon ou de la rédemption. Enracinée et méconnue, sa culpabilité stagnait depuis l'enfance.

Dehors, Max termina son cours sur Auguste Perret pour le vent et les murs. Plus personne ne l'écoutait. De retour à l'appartement, ils rangèrent leurs affaires à toute vitesse.

Au dernier péage, Eva demanda à Max de faire un détour jusque chez elle. Arrivés devant son immeuble, elle leur demanda de ne pas descendre de la camionnette.

— Merci, murmura-t-elle avant de refermer derrière elle la porte du passager.

— Qu'est-ce qui va lui arriver ? demanda Louise.

— Rien, dit Raphael. On ne lui posera aucune question. Il y aura deux ou trois repas un peu silencieux et tout redeviendra comme avant. Ça se passe comme ça dans les salons beiges.

Louise réfléchit.

— Je pensais qu'elle changerait de vie.

— Grâce à nous ? demanda Max en riant méchamment.

— Oui, grâce à nous, dit Louise, affrontant Max.

— Ma pauvre Louise !

— Je t'interdis de m'appeler ma pauvre Louise ! C'est à cause de toi qu'elle est partie. Tu nous as pris la tête pendant deux jours dans cette ville de merde ! Arrête la voiture ! Je veux descendre.

Max s'arrêta.

— On est loin, dit-il en tirant sur le frein à main.

Son visage était un festival de ses tics les plus spectaculaires.

Louise rata une marche en sortant de la camionnette.

— Allez vous faire foutre ! hurla-t-elle, affalée sur le trottoir.

Max et Raphael la regardèrent s'éloigner en chancelant, danseuse entêtée contrariée par dix centimètres de neige.

13

Cécile avait envie de vomir, le café pris au wagon-bar, sans doute, qui lui restait sur l'estomac. Ou peut-être cette pâtisserie franco-britannique au citron recouverte d'une épaisse couche de icing scintillant qu'elle avait engloutie en deux bouchées suicidaires. Assise face à elle dans le wagon de première classe, une femme lisait un magazine en anglais tout en surveillant du coin de l'œil un enfant de six ou sept ans qui remuait dans son périmètre. Cécile se concentra sur ses deux voisins et oublia peu à peu sa nausée. Installée de biais sur son fauteuil pour observer discrètement le visage de la femme dans la vitre du wagon, elle se laissa entraîner, émerveillée, par l'histoire compliquée de ce fascinant produit de la mondialisation. L'étrangère pouvait avoir tout à la fois des ascendances pakistanaises, iroquoises, suédoises, coréennes, américaines et comoriennes. Ses traits métissés et contradictoires, ses gestes souples et raffinés, la finesse royale de sa silhouette représentaient la quintessence d'un charme universel, le résultat splendide d'une époque qui avait aboli les distances et les frontières, mélangé les cultures comme on bat un jeu de cartes. Elle se dit que l'enfant aux yeux légèrement bridés n'avait pas hérité du mystère impénétrable de sa mère.

Elle corna la page 56 de *Back Home, Honey*, le dernier roman de son frère, puis en regarda la couverture avec perplexité. Les caractères rouges et mous du titre semblaient fondre en lave ensanglantée au-dessus d'un volcan en éruption. Grand genre, soupira Cécile en passant le doigt sur le nom de l'auteur imprimé en relief. James McRee, murmura-t-elle, agacée, entre ses dents. Elle haïssait ce pseudonyme ridicule, adopté en réaction à ses origines françaises qu'il n'avait jamais assumées, contrairement à Cécile qui en était très fière. Elle détestait avec la même virulence les romans de son frère et les lisait en général d'une traite, pour en finir au plus vite. En plus du genre policier qu'elle trouvait mineur, l'imagination perverse de James suintait des pages comme une vraie saleté. Il poserait des questions sournoises pour vérifier qu'elle l'avait lu jusqu'au bout, ferait certainement la gueule en découvrant que ce n'était pas le cas. La vulgarité de leur relation s'enrichirait de nouveaux sarcasmes, elle s'y attendait, tant pis. Cécile était persuadée que son frère n'écrivait plus que pour ses ennemis, revanchard et déterminé à faire un jour ou l'autre plier les réfractaires. Il publiait pour les journalistes qui continuaient à l'éreinter livre après livre avec une régularité d'anniversaire. Était-ce le cas de tous les écrivains ? se demanda-t-elle en rangeant le volume dans son sac. Finissait-on, avec le temps, telle une ultime croisade, par se consacrer exclusivement à ceux qui nous détestent ? Dans son immense immaturité, James avait toujours bataillé pour qu'on l'aime, persistant à ignorer que ses efforts provoquaient l'effet contraire. Sa quête forcenée de reconnaissance était écœurante pour Cécile qui n'y voyait que les traces vivaces de sa sauvagerie enfantine, de son besoin d'être le préféré d'une mère qui lui avait toujours refusé ce privilège.

Le gosse prit un album pour enfants sur la tablette et le tendit à sa mère. Gobée par son téléphone portable, la femme lui marmonna d'attendre. Le livre à la main, il regarda dans la direction de Cécile qui s'immergea dans le paysage pour le décourager.

Cécile ne détestait pas les enfants mais elle ne supportait pas leur façon de jauger les adultes comme s'ils étaient des objets. Ceux qui n'avaient pas le privilège de leur plaire étaient répudiés sans ménagement et avec un odieux dédain. Refusant obstinément d'entrer dans leur jeu et de s'astreindre à de dégradantes tentatives de séduction, elle se tenait à distance de ces nains sournois et snob. Pour être sûre d'avoir la paix, elle garda les yeux fermés jusqu'à destination.

Devant la boutique Fortnum de Saint-Pancras, James McRee-Lurçat fixa sa sœur comme s'il n'avait pas vu un humain depuis des semaines. M. Pickwick après un séjour en prison, pensa Cécile. Il était gros, gras plutôt, et ses cheveux grisonnants et filasses lui tombaient aux épaules. Il portait son éternelle veste en tweed et un maillot de corps crasseux faisait des apparitions entre les boutons de sa chemise.

— Oh, my God ! se dit Cécile qui craquait déjà.

Soudain épuisée, elle se demanda comment elle pouvait avoir pour frère un type pareil.

Cécile eut un choc en voyant sa mère. Aussi inconsciente qu'une aveugle de sa présence dans la pièce, elle avait d'inquiétantes raideurs de vieille poupée. James l'avait vêtue d'une robe à motifs géométriques, de chaussures bicolores et de collants de contention marron clair. Cécile lui demanda pourquoi sa mère était habillée en clown. Il s'énerva, lui rappela qu'elle n'avait qu'à s'en occuper.

— Ce n'est pas parce qu'elle est vieille qu'on doit l'habiller en veuve, ajouta-t-il.

Avant de partir, la garde-malade avait préparé la table et mis le dîner au four. Cécile était si excédée qu'elle n'arrivait plus à regarder son frère en face. Quant à sa mère, elle avait des haut-le-cœur dès qu'elle croisait son regard mort.

— Elle ne parle plus ? demanda Cécile en choisissant un petit morceau de blanc de dinde qu'elle arrosa de gravy.

— Si, si. Elle est intimidée. Elle ne sait pas qui tu es.

— Et toi, elle te reconnaît ?

— Je ne pense pas, mais elle est habituée à ma présence et elle me parle.

— Qu'est-ce qu'elle te dit ?

— Elle fait des bonds dans le temps. Je n'arrive pas toujours à savoir de quelle époque et de qui elle parle. Je la laisse dire.

— Ça n'a pas l'air de te déranger.

— On s'habitue.

— Je te remercie de t'en occuper, dit Cécile qui prenait la mesure de l'effort consenti par son frère.

Ils oublièrent la présence de leur mère, inerte sur sa chaise. James demanda à sa sœur des nouvelles des deux cousins qu'il n'avait jamais vus. Lorsqu'elle était à Londres, Cécile parlait souvent de ses voisins comme pour se téléporter auprès d'eux en les évoquant.

— Ils sont gays ? demanda James.

Il avait mis une serviette père Noël autour du cou de sa mère et la faisait manger.

— Pourquoi dis-tu ça ? lança Cécile, choquée.

Se mêlaient dans son esprit le spectacle de sa mère réduite à l'état de nourrisson et l'idée scandaleuse de l'homosexualité de Max et Raphael.

— Je ne sais pas. À la façon dont tu en parles, je suis sûr qu'ils le sont.

— Les homosexuels pensent toujours que tout le monde est comme eux.

James était encore adolescent quand Cécile l'avait croisé sortant d'un bar gay avec une bande de types efféminés. C'était quelques jours avant qu'elle parte finir ses études universitaires en France et le sujet était resté sans suite pendant plusieurs années. Depuis, il y faisait allusion mais elle refusait d'en savoir plus. La vie sexuelle de son frère la révulsait.

— Tu sais, j'ai rencontré des tas d'hommes qui perdaient leur temps avec des femmes alors qu'ils ne rêvaient que d'une bonne bite.

— Oh ! Ça suffit ! cria Cécile en tapant du poing sur la table.

La vieille dame sursauta.

— *What time is it ?* demanda-t-elle d'une petite voix inquiète en regardant son fils.

— *Ten thirty, mother. Don't worry.*

— *We mustn't miss the train, dear*, ajouta-t-elle d'un air très préoccupé.

— *We won't, don't worry.*

Cécile regarda sa mère, interloquée. Même sa voix avait mué en un babillage enfantin. Elle se rappela le ton péremptoire et mondain de cette femme devenue une loque en robe de clown. C'était horrible.

— De quel train parle-t-elle ?

— C'est récurrent, je n'arrive pas à savoir où va ce train qu'elle ne veut pas manquer ni qui doit l'attendre sur le quai de la gare.

Ils essayèrent de se parler gentiment jusqu'au dessert. Cécile était accablée et son frère plutôt satisfait qu'elle le soit. Quand elle prenait la peine de venir les voir, il aimait bien lui rappeler l'état catastrophique de la situation et ses devoirs de bon fils. À cela s'ajoutait un malentendu originel qui avait définitivement faussé leur relation. Élevés dans un grand mépris de classe, frère et sœur avaient peuplé leur orgueil différemment et seule Cécile en avait pris la mesure. James continuait à croire qu'elle partageait son dédain alors que Cécile avait très vite substitué au découpage social de subtiles stratifications intellectuelles. L'isolement par l'argent et le nom avaient fait place à l'isolement par l'intelligence et la culture dont elle préférait les nuances. Tout écrivain de romans policiers qu'il était, James n'avait jamais abandonné la lutte et continuait à mépriser la terre entière. Régulièrement, des critiques raillaient ses approximations et les clichés dont il usait par ignorance quand il évoquait dans ses livres des milieux et des modes de vie auxquels il refusait de se mêler. Cécile se dit qu'il repérerait tout de suite ce qui clochait chez Charles s'il le rencontrait. Il devinerait dans son ossature le fils de commerçant qu'il était et dans son entrain jovial, la marque de l'homme qui s'est fait tout seul sans la culture congénitale dont lui, l'écrivain, avait bénéficié.

James retira délicatement la serviette du cou de sa mère, l'aida à se lever et l'accompagna dans les profondeurs de l'appartement. Cécile se demanda si, lorsqu'ils étaient seuls, ils montaient ensemble dans le train et si James jouait au contrôleur en imitant un bruit de locomotive à vapeur. Elle sortit sur le balcon fumer une cigarette. La Tamise à ses pieds, noire et aussi ample qu'un lac, l'effraya. Des sapins clignotaient derrière les fenêtres de l'autre immeuble de la résidence. Au deuxième étage, une télévision énorme tapissait le mur d'un grand salon. Les images heurtées d'un film d'action se succédaient dans un réel inventé dont la distance dévoilait toute la fausseté. Du balcon, elle pouvait voir le montage en action, la succession des plans, la vitesse artificielle d'une narration étrangère à la vraie vie. Puis elle repensa à ce que son frère lui avait dit sur l'homosexualité. Elle pensa à Max et à Raphael, se demanda s'il n'existait pas d'autres formes d'amour, non répertoriées, qui n'étaient ni hétérosexuelles, ni homosexuelles, ni fraternelles ou filiales. Des formes d'amour créées de toutes pièces par des esprits libres et différents comme l'étaient les deux cousins. Il y avait entre eux un amour infini et une lutte à mort dont elle ignorait l'origine. Elle prit peur à l'idée de les voir partir, une fois l'appartement vendu. De retour dans le salon, elle débarrassa la table, remplit le lave-vaisselle et balança dans la poubelle les restes de leur calamiteux repas de réveillon.

Le lendemain fut un désastre. Plus passive du tout et James à ses basques, sa mère courait dans tous les sens.

— Ta présence la perturbe, dit-il alors que la vieille dame tendait un billet d'une livre à Cécile qu'elle prenait pour un livreur.

En fin de matinée, Cécile décida qu'elle ne pouvait rester une minute de plus dans l'appartement et annonça à son frère qu'elle allait faire un tour. Trente-cinq ans après son départ pour la France, sa part anglaise était intacte et elle se sentait chez elle dans la ville enguirlandée. Elle avait pensé finir ses jours en vieille dame crémeuse et pastel du côté de Belgravia ou de South Kensington mais la proximité de James et de sa mère avait rendu le projet inenvisageable. Cécile sentit monter en elle une folle nostalgie mêlée d'une aussi folle envie de boire. Elle finit par trouver un bar d'hôtel où elle commanda un gin orange. Elle pensa à Charles Danglars, reconstruisit de mémoire son portrait en pied au milieu du salon du recteur. Elle pensa aussi à Alexandre et aux hommes qu'elle avait laissés passer avant lui, au désir qui mourait bien avant qu'on ne se quitte. L'alcool l'avait toujours aidée à perdre la mémoire mais l'irruption à haut risque de Charles dans sa vie ranimait un passé comateux. Elle commanda un deuxième gin orange « sans glace cette fois », sortit son téléphone de son sac. Elle commença à taper le numéro de Charles puis se ravisa en inspirant longuement. Ce type qu'elle connaissait à peine lui manquait. C'était inouï et délicieux.

Cécile s'enfonça dans le fauteuil en cuir du bar désert. Là, après des années passées à contourner avec soin toutes sortes de bilans, elle décida de peser sa vie, calmement et avec honnêteté. Elle se dit qu'elle n'avait aucun compte à rendre à personne et qu'elle avait envie de se lancer, d'essayer. Elle coucherait avec Charles, bourrée, pour ne pas voir et passé ce cap, tout serait possible. Peut-être accomplirait-il l'exploit de la réconcilier avec son corps. Il lui demanderait de boire moins et elle le ferait. Puis elle pensa à Max et à Raphael, essaya d'imaginer ce qu'ils penseraient de Charles Danglars. Ses voisins avaient pris l'habitude de la voir toujours seule et l'idée de se montrer à eux amoureuse lui apparut tout à coup dangereuse et ridicule. Sortie du rôle de vieille fille qu'ils lui avaient assigné et dont elle s'amusait, les confidences s'arrêteraient net, elle en était convaincue. Mais ils allaient déménager, c'était maintenant une certitude et que feraient-ils d'elle ? Ils étaient si imprévisibles qu'ils pouvaient disparaître du jour au lendemain sans plus jamais donner de nouvelles. Cécile avala les dernières gouttes de son gin orange. Ce serait Charles, tout compte fait et contre le monde entier.

L'alcool commençant à lui taper sur la tête, elle décida d'arrêter les frais et de marcher jusqu'à Green Park pour reprendre la main. Dans le jardin aussi désolé qu'elle, elle jugea plus raisonnable de partir le soir même plutôt que de dormir une nuit de plus à quelques mètres de son frère et de sa mère. De toute façon, James avait pris possession de la vieille dame. Il se plaignait mais n'aurait échangé avec personne son statut de victime. Cécile pensa à sa mère qui ne pourrait plus rien lui dire de ce qu'elle savait d'elle. Il était trop tard pour lui poser des questions sur son enfance et comprendre enfin son attirance pour les stores à rayures jaunes, les plafonds bas et les gisants.

Cécile retourna à l'appartement, fit son sac et embrassa son frère, absorbé par une nouvelle enquête de son détective mondain.

— J'ai oublié de vous donner vos cadeaux, dit-elle en déposant deux paquets sur le bureau.

Puis elle sortit de la pièce avant d'entendre les excuses bidons que James lui servait chaque année pour s'excuser de n'avoir rien pour elle.

Cécile avait déjà fermé la porte derrière elle quand la vieille dame allongée sur le sofa du salon ouvrit les yeux en frissonnant.

Dans le train du retour, Cécile s'isola dans le couloir et recomposa le numéro de Charles. Il répondit à la première sonnerie. Elle chercha très loin de quoi le distraire avec son séjour à Canary Wharf. Charles éclata de rire lorsqu'elle compara son frère à un contrôleur de chemin de fer.

— J'ai cinquante-sept ans, Charles, lança-t-elle, après un silence.

— J'en ai deux de plus, dit-il du tac au tac. Et je n'ai pas l'intention de me retirer du monde pour autant. Vous me plaisez, Cécile. Je me fous de votre âge et je me mets à vos pieds.

Il marqua une pause, elle l'entendit marcher.

— Charles ? Vous êtes là ?

— Vous n'avez plus envie de faire l'amour ? murmura-t-il.

Cécile sentit comme la caresse d'une brosse douce sur sa peau, passée lentement de la naissance de ses cheveux jusqu'au creux de ses reins.

— Je me sens à peu près dans la situation de quelqu'un qui ne l'a jamais fait, s'entendit-elle dire en suivant du regard le paysage aplati par la vitesse, derrière la fenêtre du wagon.

Le téléphone passait mal et la conversation interrompue d'un coup, Cécile resta un moment dans le couloir, son portable serré dans la main, attendant qu'il la rappelle. Mais Charles ne rappela pas.

14

Le temps s'améliora dès le lendemain. La neige fondant à toute vitesse, le quartier retrouva en une nuit ses justes proportions, ses laideurs intéressantes et ses nuances de gris. Une affichette accrochée à la grille du square annonça sa réouverture imminente.

Le départ d'Eva eut des conséquences inattendues sur la vie des locataires de l'appartement. Se sachant sans cesse furtivement observés, ils avaient acquis une conscience plus aiguë d'eux-mêmes. Le regard curieux et bienveillant de l'étrangère avait valorisé leurs gestes et donné de l'écho à leurs paroles. Eva partie, ils avaient l'impression de vivre pour rien dans l'appartement qui déjà ne leur appartenait plus.

Max brassait de l'air et passait son temps au téléphone avec les techniciens du court métrage. Depuis l'incident de la camionnette, Louise faisait la gueule, allait et venait sans s'expliquer, dînait seule dehors, chez Cécile ou dans la cuisine après les autres. Les studios vidés par les fêtes, elle s'achevait seule devant les miroirs. Le silence qu'elle s'imposait à l'appartement la bourrait d'une énergie contrainte qu'elle relâchait violemment en dansant. En une semaine, elle boucla les numéros de son show et se donna encore un mois avant de montrer son projet aux directeurs des théâtres de poche dont la liste était prête depuis Bordeaux. Elle n'avait plus besoin d'occuper ses nuits. Elle se couchait en vrac et s'endormait tout de suite. Cécile ne fut ni surprise ni attristée par le départ d'Eva. Elle avait le sentiment sans preuve que la présence de cette femme dans l'appartement avait tout déréglé dans la vie de ses occupants.

En chapka et manteau trapèze bleu nuit, Cécile traversa l'arrondissement en marche rapide jusque chez Charles. Préalablement affolée par sa silhouette de profil dans le miroir en pied de sa chambre, elle marchait en rentrant le ventre, moulée dans une robe un peu juste de l'année précédente. Elle s'inquiétait aussi de ce qu'elle allait découvrir sur Charles, chez Charles. Elle lui trouvait déjà des excuses, les mêmes qu'elle avait concédées aux hommes célibataires qu'elle avait connus avant lui car Cécile, à l'ancienne, considérait que les maisons appartenaient aux femmes et à elles seules, les hommes y faisant figure d'invités perpétuels. Soulagée et charmée, elle découvrit que Charles vivait au milieu d'un joyeux bric-à-brac d'objets et de tapis rapportés de ses voyages qui, savamment mis en valeur, donnaient à l'appartement une belle élégance. Il prit courageusement les rênes de la conversation mais, très vite, n'en pouvant plus de le voir crever d'incertitude et d'impatience, Cécile l'aida autant qu'elle put pour le mettre à l'aise. Ils dînèrent sans vraiment s'en apercevoir puis tout s'accéléra et dans une demi-pénombre imposée à mi-voix, Cécile se retrouva dans le lit de Charles. Colossal et grave, il lui fit l'amour sans l'oublier un seul instant. Puis, à l'issue de tractations aussi secrètes que les siennes à Green Park, pensa Cécile, très émue, il lui annonça sa décision de ne plus vivre que pour elle.

Deux jours avant le réveillon, Cécile constata avec inquiétude que Max et Raphael rechignaient l'un comme l'autre à s'y coller. Elle leur proposa son aide, dopée à l'amour de Charles et remontée à bloc. Elle leur expliqua que le bal costumé n'était pas envisageable « dans ce bordel » et proposa de faire le réveillon chez elle. Les deux cousins refusèrent tout en la remerciant. Ils savaient Cécile très attachée à son intérieur et redoutaient que les barbares qu'ils devenaient dans certaines circonstances ne transforment sa bonbonnière en porcherie. Ils acceptèrent toutefois qu'elle les aide à mettre l'appartement en ordre.

Cécile voulait également en profiter pour les faire parler et se dit que remplir des sacs-poubelle, balayer et dépoussiérer faciliterait les questions, posées dos tourné et l'air de rien. L'ambiance était tendue avec Louise mais aussi entre Max et Raphael et elle voulait savoir pourquoi. Ils s'invectivaient en silence, l'un passant derrière l'autre pour refaire en mieux ce que l'autre venait de faire. Cécile coinça Max dans sa chambre alors qu'il tentait de caser dans la penderie un monceau d'objets rapatriés du salon.

— Laisse-moi faire, dit-elle en le poussant. Max, tu peux me dire pourquoi tu ne veux pas que je vous aide à trouver un nouvel appartement ?

Elle comprit à l'air surpris du jeune homme que le problème n'était pas là.

— Louise et Raphael me reprochent d'avoir fait fuir Eva, dit-il.

— C'est le cas, non ?

— Non ! Mille fois non !

— Tu l'as peut-être fait sans t'en rendre compte.

— Et pourquoi j'aurais fait ça ?

Max était tout raide, pendu aux lèvres de Cécile. Mis en quarantaine par Raphael et Louise, il avait apprécié jusqu'alors la neutralité de sa voisine.

— Je pense que tu veux être de nouveau seul avec Raphael. Maintenant tu vas te débrouiller pour faire fuir Louise aussi. C'est une question de jours.

— C'est faux ! Je me fous que Louise soit là et j'aimais bien Eva.

— Pourtant elle allait tout faire voler en éclats.

— Et comment ?

— En te volant Raphael.

Max éclata d'un rire diabolique qui fit reculer Cécile. Elle le sentait au bord de l'explosion mais elle était décidée à aller jusqu'au bout.

— Londres ne vous réussit pas, Cécile. Vous en revenez chaque fois un peu plus déphasée, siffla-t-il.

— Pas du tout. Je suis en pleine forme. Et je constate que tu tiens Raphael prisonnier dans cet appartement irrespirable. Tu sors, la nuit, le jour, et tu le gardes pour toi en lui faisant croire qu'il est tout. Max fixait Cécile comme s'il allait lui sauter au visage. Elle se remémora son accès de haine dans la cuisine, continua pourtant. Louise, Eva, même moi, sommes le monde à sa portée et ça, tu ne peux pas le supporter. Ce que tu ne vois pas, c'est qu'il t'empêche de vivre autant que tu l'empêches de vivre.

— Stop ! cria Max. Je ne veux rien entendre de plus. Raphael a toujours été comme ça. Je n'y suis pour rien.

— C'est bien ce que je suis en train de dire. Pourtant il s'est passé quelque chose, je ne sais pas quoi, peut-être la présence d'Eva ou de Louise qui lui a fait entrevoir qu'il y avait une vie sans Max. Tu ne réussiras pas à le garder enfermé ici ou ailleurs pendant toute votre vie. Il y aura d'autres Eva et d'autres Louise pour t'en empêcher.

Max regarda Cécile par en dessous.

— Vous vous trompez, Cécile.

— Alors parle, nom de Dieu ! Dis-moi ce qu'il en est.

Max s'était allongé sur le lit et les mains derrière la tête offrait son corps à la vue de Cécile. Elle l'ignora, concentrée sur son visage. Il y eut un moment d'incertitude, perturbé soudain par un bruit de verre cassé dans l'appartement.

— Dis au moins à Louise que tu ne l'aimes pas. Elle en bave. Je ne te laisserai pas abîmer cette gamine. Borne-toi à séduire Raphael.

Cécile sortit de la pièce sans attendre de réponse. Elle trouva Raphael dans le salon agenouillé au milieu d'un tapis de boules cassées qu'il ramassait en gestes ralentis avec une balayette.

Cécile comprit qu'elle avait affaire à plus fort qu'elle lorsque le lendemain, Louise lui annonça radieuse qu'elle avait passé la soirée avec Max. Ils étaient allés au cinéma, puis il l'avait emmenée au restaurant. « J'y crois très fort », dit-elle en rejetant ses cheveux en arrière, à la Rita.

La veille du bal, les Valette passèrent à l'improviste. Agréablement surprises de trouver l'appartement rangé, elles se promenèrent d'une pièce à l'autre comme si elles le découvraient. Elles trouvèrent Louise dans la salle de bains qui testait des rouges à lèvres devant le miroir de l'armoire à pharmacie.

— La robe violette est magnifique mais difficile à assortir, dit-elle. J'hésite entre deux couleurs.

Les Valette se prêtèrent au jeu, tout à leur affaire. Les mains de Marie-Ange sur le visage de Louise alors qu'elle la maquillait étaient soyeuses et gentilles. Elle se dit que ces deux femmes n'étaient pas les marâtres que Cécile s'acharnait à lui faire croire et accepta l'idée qu'une mauvaise mère ici pouvait être bonne ailleurs.

— Vous ferez des photos ? demanda Françoise.

— Des photos du bal, ajouta Marie-Ange.

Louise eut soudain envie de pleurer. Les Valette n'étaient pas invitées et elle n'y avait même pas pensé.

— Vous pouvez venir, hasarda Louise.

— Non, nous ne sommes pas conviées. Persona non grata ! Voilà, ajouta Marie-Ange en vérifiant son travail dans le miroir. C'est bien, non ? Il fallait du nacré, tu es d'accord, Françoise ?

Françoise conforta sa sœur adorée, ajouta qu'elle aurait fait le même choix.

— De toute façon, on n'a pas très envie de venir, dit Françoise. Ils nous reprochent d'avoir vendu l'appartement.

Louise réfléchit, les regarda l'une après l'autre, pareillement sereines et souriantes.

— Je suis amoureuse de Max, dit-elle lentement.

Les deux sœurs échangèrent un regard compatissant.

— Vous êtes charmante, dit Marie-Ange avant de sortir de la salle de bains suivie de sa sœur.

Max, Louise et Raphael qu'il avait fallu convaincre dînèrent dans un restaurant du quartier. De retour dans l'immeuble, ils tombèrent nez à nez avec Cécile, pas seule, pour la première fois en trois ans. L'homme qui l'accompagnait était un géant roux et baraqué, criblé des mêmes taches de rousseur que leur voisine. Cet homme vivait à Lilliput, se dit Max, brutalement ramené à la taille d'un nain. À côté de lui, rose comme une fleur, Cécile fit les présentations avant de s'éclipser rapidement. Max et Raphael se demandèrent où elle avait trouvé ce rugbyman en costume croisé qui surplombait le monde et devait se pencher pour écouter les autres. Ils échangèrent quelques commentaires sur cette étonnante rencontre puis se turent, fugacement nostalgiques d'une Cécile aimée qui avait brusquement laissé place à une inconnue. Louise, quant à elle, s'enferma dans sa chambre sans dire un mot. Elle n'arrivait pas à chasser l'image de Cécile quittant l'immeuble au bras de Charles Danglars, les caresses de l'inconnu cachées sous son ample manteau vert. Elle avait imaginé pour Cécile un intellectuel, roué et un poil distant, aux antipodes du malabar viril et beau comme un marin qu'elle venait de lui présenter. Elle décida finalement que cet homme avait tout d'un futur beau-père bienveillant et généreux.

15

Réveillés tôt et gonflés à bloc d'une énergie de combattant, tous savouraient le plaisir de se retrouver. Très fort à ce jeu-là, Max ne montra aucune rancune à l'égard de Cécile après leur dispute. Et Louise avait enfin repris le cours de son monologue enjoué interrompu quelques jours plus tôt. En fin d'après-midi, Cécile rangeait les canapés en damiers sur des plateaux quand James l'appela sur son portable. Max et Raphael comprirent tout de suite. Elle raccrocha, plaça machinalement et alternativement des canapés, rouge, noir, rouge, noir, puis s'effondra sur une chaise, en larmes.

— Elle est morte il y a une heure. Elle a avalé de travers et s'est étouffée. James n'a rien pu faire.

— Vous n'êtes pas obligée de rester ce soir, dit gentiment Raphael. Vous voulez qu'on appelle Charles ?

— Non, je vais le faire. Je suis triste. Donne-moi un truc à boire, Max.

Il sortit une bouteille de gin du congélateur. Cécile avala, en trois fois, l'équivalent d'un verre à dent.

— Elle s'appelait Edmonda, reprit-elle en séchant ses larmes. C'est un drôle de nom, même en Angleterre. Ça lui allait bien. C'était une femme difficile mais elle était toujours la même. Vous savez, les enfants n'aiment pas les adultes qui ont un côté rue et un côté jardin. Avec ma mère, on savait toujours à quoi s'en tenir. Cécile soupira en regardant le plafond. Celle qui est morte tout à l'heure n'était pas ma mère. C'était comme si une autre avait pris possession de son corps et de son esprit. Une poupée de cauchemar en robe psychédélique.

Cécile cacha son visage dans ses mains. Elle leur demanda de la laisser seule et la porte de la cuisine resta close et interdite pendant une bonne heure. Lorsque Cécile en sortit, elle avait retrouvé son sourire et son allant. Elle titubait vaguement mais son énergie était impeccable.

Prétextant le manque de place dans la salle de bains Valette, Louise demanda à Cécile si elle pouvait aller se préparer chez elle. En service commandé par Max, elle avait pour mission de ne pas laisser Cécile seule jusqu'à l'arrivée de Charles qu'ils avaient appelé en douce.

Comme une enfant invitée à jouer chez des voisins, Louise enleva ses chaussures dans l'entrée puis s'assit à l'extrême gauche du même canapé après en avoir tapoté les coussins.

— Je suis allée chez Eva, dit-elle après une hésitation.

— Quoi ? demanda Cécile, stupéfaite.

— Je suis passée chez elle hier sans prévenir.

— Mais pourquoi ?

— Je voulais qu'elle vienne ce soir. Je voulais lui dire qu'on l'attendait. Elle me manque un peu.

— Ah, bon ! lança Cécile froidement. Et alors ?

— Alors, j'ai enfin compris ce que Raphael raconte à propos des salons beiges. Bref, elle n'était pas là mais son mari m'a fait entrer. Il m'a posé des questions, m'a demandé où j'avais rencontré Eva. Je lui ai répondu que c'était à elle de lui dire. Je n'ai rien lâché. Il était très énervé et il essayait de ne pas le montrer. J'ai croisé ses enfants. Eva a deux enfants, Cécile. Deux petits garçons aussi pâles qu'elle qui m'ont dévisagée avec un air inquiet. Ils m'ont donné l'impression d'être élevés loin de tout, ou plutôt au-dessus de tout. Comment Eva a-t-elle pu ne jamais demander de leurs nouvelles quand elle vivait avec nous ?

— Elle devait penser que ses mômes étaient entre de bonnes mains. Comme des bibelots qu'on dépoussière ou des rideaux qu'on tire chaque matin et chaque soir. Ses enfants font partie de l'intendance, comme le reste.

— Bref, son mari m'a à peine dit au revoir. En bas, quand la porte de l'ascenseur s'est ouverte, il était là, devant moi et j'ai eu très peur.

— Oh ! Vous n'avez rien dit, j'espère.

— Non, s'énerva Louise. Laissez-moi finir. Il m'a avoué qu'Eva n'avait pas donné de nouvelles depuis quinze jours et j'ai compris que le matin où nous l'avons déposée, elle n'est pas rentrée chez elle.

Cécile et Louise se turent. Au-dessus d'elles, les premiers invités arrivaient. Louise sortit la robe de sa housse et demanda à Cécile où elle pouvait se changer.

— Je crois que je ne vais pas venir, dit Cécile.

— Pourquoi ?

— Je suis en deuil !

Louise prit un air de circonstance.

— Je comprends, mais qu'est-ce que ça va changer ? Vous allez vous habiller et on verra après.

Louise n'osa pas utiliser son unique citation, qui aurait alors été parfaitement raccord. Tout commence quand tout finit. Cécile n'était plus la fille de personne et c'était peut-être une bonne nouvelle, après tout.

Elle l'accompagna dans sa chambre, sortit la robe Années folles et ses accessoires de la penderie. Cécile sentait le gin à plein nez. Louise alla prendre une douche puis suggéra à sa voisine d'en faire autant « pour se donner un coup de fouet ».

Les deux femmes se retrouvèrent dans la chambre. Louise était prête, moulée serrée dans sa robe violette. Elle essayait de reproduire dans la glace le maquillage des sœurs Valette. Assise en peignoir sur le lit, Cécile la regardait faire.

— Je ne connais pas grand-chose de vous, dit-elle.

— Vous savez, j'ai vite compris qu'avec Max, Raphael et vous, il fallait être à la hauteur. Ma vie d'avant est bien trop banale pour vous.

Cécile eut un pincement au cœur. Louise avait raison. Ils étaient des êtres impossibles et leur égoïsme la glaça.

— Et vous, Cécile ?

— Quoi, moi ?

— Pourquoi buvez-vous autant ? Je déteste ça. Ça vous rend vulgaire et ce n'est pas vous.

— Ma chère Louise, vous ne vous imaginez pas, j'espère, que je vais me priver de ma bouteille de gin pour vous faire plaisir ! Je bois, vous dansez pour vous étourdir, Raphael se drogue aux souvenirs, Eva ne cesse de s'enivrer de son ego. Les Valette s'hypnotisent mutuellement et Max fait tout à la fois. Vous voyez, nous sommes tous esclaves de quelque chose. Je bois pour donner un peu d'espace à l'autre, celle qui somnole toute la journée en moi et a besoin de s'exprimer de temps en temps. Nous sommes tous très vulgaires quand nous sommes vraiment nous-mêmes. Ce rouge à lèvres aussi est très vulgaire. Trop rouge. Ça ne vous va pas.

Louise s'examina dans le miroir, se pencha de côté en simulant un baiser puis retira de ses lèvres l'épaisse pâte vermillon avec un kleenex.

Elle ne comprenait pas ce que lui disait Cécile. Elle voulait autre chose, une complicité différente, celle qui naît entre les femmes et que Cécile détournait sans cesse en abstraction. Elle aimait les sentiments et sa voisine les idées. Louise se dit qu'elle se battrait pour l'entraîner sur son terrain, persuadée que cette femme vieillissante ignorait qu'elle en avait besoin. Elle essaya deux ou trois autres couleurs de rouge à lèvres.

Les yeux tournés vers le plafond, Cécile, silencieuse, pensait à sa mère qui n'avait pas eu le temps de connaître Charles. Elle aurait aimé la voir épouser, comme elle, un Français. Cécile n'avait pas été la fille idéale dont Edmonda avait rêvé. James non plus ne s'était pas conformé aux ambitions de cette pauvre femme qui, encore consciente, n'aurait certainement pas apprécié de le voir finir chef de gare dans un appartement sinistrement contemporain de Canary Wharf. Cécile frissonna.

— Prête ! dit Louise en se retournant.

Louise fut assez satisfaite de son entrée. La robe des Valette eut un succès phénoménal auprès des inconnus qui se pressaient dans le salon. Elle aperçut Max, samouraï d'opérette en kimono brodé de fruits de mer. Il discutait avec une marquise en robe bleu pâle parsemée de roses en boutons. Raphael n'était pas là. Elle fit le tour de l'appartement, ne le trouva nulle part, ouvrit la porte du balcon qui donnait sur le square. Apparition d'arlequin en habit de velours multicolore, il rêvassait sur son banc, tout juste sorti d'une machine à remonter le temps.

Une géante en bloomer et corset de vichy lui demanda du feu. Louise regarda autour d'elle, éblouie. Dans l'appartement qu'ils s'étaient naturellement approprié, tous donnaient l'impression d'être invités chaque week-end à un bal costumé. Une fille qui avait tout misé sur sa perruque blanche surmontée d'un bateau à voiles se mit à danser sur l'électro à fond, vite imitée.

— Tu ne danses pas ? lui murmura Max dans l'oreille.

— Tout à l'heure.

— Tu es magnifique. Est-ce que tu sais si Rita a joué avec James Mason ?

— Je ne crois pas. Je ne sais pas, en fait.

Oui, se dit-elle, il fallait toujours être à la hauteur. Elle aurait dû savoir, c'était la moindre des choses. Max était déjà parti, suivi par une blonde en panneaux solaires. Louise se dit que la soirée allait être longue, aussi longue qu'une vie, avec ses hauts et ses bas, ses crises et une fin. Un punk lui proposa du champagne, revint avec deux coupes. Acolyte tagueur de Max, il lui demanda si elle avait vu son autruche rue de Saintonge.

— Une tuerie ! dit l'autre en secouant sa crête. Je l'admire, ce mec. Un de ces jours, Max tombera d'un toit et il se fracassera la tête. Ce jour-là, ajouta-t-il en s'approchant dangereusement du visage de Louise, on aura perdu un grand artiste.

Le type était bourré et elle le laissa à une Chinoise en latex qui avait l'air de se sentir bien seule. Elle se fraya un chemin jusqu'à la cuisine où elle retrouva Cécile aux commandes, secondée par un ours.

— Raphael est tout seul dehors, dit Louise.

— Non, il vient de remonter, je l'ai vu passer. Cécile fit un geste vague censé recouvrir la surface de l'appartement. Je vous présente Théo.

L'autre dit un truc derrière sa tête poilue qui parvint inaudible aux oreilles de Louise.

— Théo, Louise. LouiseRita, pour être plus précise. Elle est danseuse. Et vous Théo, vous faites quoi dans la vie ?

Elles comprirent qu'il était éclairagiste.

Louise regarda Cécile fumer, boire et beurrer des toasts. La robe Valette avait reçu quelques stigmates de mayonnaise et Cécile n'avait pas jugé bon d'enlever ses gants de satin bleu pour étaler la pâte d'anchois. Il y avait de l'ivresse dans ses gestes mais Louise sentit qu'il fallait la laisser faire. Un émir leur demanda où étaient les toilettes puis la fille en panneaux solaires vint se coller comme elle put à l'ours brun. Louise suggéra à Cécile d'aller voir car les costumes en valaient la peine.

De retour dans le salon, elle trouva Raphael planté tout seul près du buffet.

— Viens, dit-elle en lui prenant la main.

Louise l'obligea à s'asseoir à côté d'elle sur le canapé.

— Max pense que les bals costumés sont très intéressants parce que les gens choisissent des costumes qui les révèlent, dit-il.

— Alors qu'est-ce que ça veut dire quand on s'habille en panneaux solaires ?

Raphael rit.

— Je ne sais pas, demande à Max.

— La fille en robe de mariée, c'est évident mais lui, là, en amanite tue-mouche ?

— Il rêve d'être vénéneux.

— Et toi, en quoi es-tu déguisé ? En arlequin ?

— Je suis Pasquin dans *Le Jeu de l'amour et du hasard*. C'est le costume préféré des Valette.

— *Le Jeu de l'amour et du hasard*, répéta Louise, songeuse.

Un plongeur en combinaison lui tomba dessus, retira son masque et s'excusa. Puis Louise aperçut Max à demi caché par un petit groupe de danseurs et toujours marqué à la culotte par l'agaçante marquise. Elle demanda à Raphael qui était cette fille.

— La costumière du court métrage, je crois.

Louise s'inquiétait sans plus car depuis le début de la soirée, Max semblait tisser un fil invisible entre elle et lui. Dès qu'elle tournait la tête, il était là un peu en retrait, qui l'observait. Son cœur battait du bonheur probable de le toucher. Raphael lui dit qu'il n'avait pas encore vu Cécile.

— Elle beurre les toasts avec entrain, rit Louise.

Cela ne fit pas rire Raphael qui, sur le banc du square, avait longuement pensé à sa voisine et à sa mère morte. Il regarda Max s'approcher de lui et le trouva extraordinairement beau dans sa tenue de samouraï.

— Ça va ? demanda Max. Tu t'ennuies ?

— Non.

— Amuse-toi, Raphael. On va encore m'accuser de t'empêcher de vivre

— Qui dit ça ?

— Des gens. Tu as vu Bréguet et madame ?

— Non.

Max indiqua à Raphael deux huiles égyptiennes, Akhenaton et Néfertiti en tenue d'apparat.

Ils éclatèrent de rire. Bréguet s'en aperçut, fonça sur eux, au taquet.

— Tu te souviens de mon cousin ? dit Max.

— Raphael ? C'est ça ?

Ils se serrèrent la main.

— Tu es qui, toi ? demanda Bréguet en remettant en place sa tiare mal arrimée sur sa grosse tête

— Je suis Pasquin.

L'autre fit une moue d'impuissance.

— Toujours pareils, hein, les cousins, ajouta-t-il. Toujours dans le coin mais jamais vraiment là. Sa femme l'avait rejoint. Il fit les présentations. Max et Raphael sont cousins. Leurs mères étaient des sosies. Il était impossible de savoir qui était le fils de qui.

La femme de Bréguet les regarda d'un drôle d'air. Elle devait être au courant des embrouilles entre son mari et Max. Les cousins eurent l'impression qu'elle aussi en avait ras-le-bol de

Bréguet Pascal. Très vite, ils ne trouvèrent plus rien à se dire et le couple royal s'éloigna pour danser.

— Quel crétin, ce mec ! soupira Max.

— Pourquoi il est venu ? Il te déteste, ça crève les yeux.

— Tu sais, ce mec est collant comme un jaloux. Bon, je vais donner un coup de main à Cécile. Charles devrait être là, dit-il en regardant sa montre. Il faut la faire sortir de cette cuisine. Tu crois que je peux l'inviter à danser ?

— Il faudrait d'abord changer de musique.

Max s'étira dans son costume de kabuki.

— Cécile, Cécile ! chantonna-t-il en entrant dans la cuisine.

Il la trouva attablée avec son pote skinhead qui n'avait pas pris la peine de se chercher un déguisement. L'air bien bourré, elle faisait néanmoins des efforts pour garder sa superbe. Elle avait longtemps battu Max à ce jeu-là, tenant l'alcool comme une Irlandaise. Depuis quelque temps, elle perdait des points et il ne s'en réjouissait pas.

— J'étais en train de dire à ton ami que Joseph Conrad ne savait pas nager. Il ne veut pas me croire. Dis-lui que je ne me trompe jamais, Max. Dis-lui !

Cécile prit la bouteille de champagne des mains de l'autre et s'en servit une coupe. En s'approchant d'elle, Max remarqua que des œufs de lump rouges et noirs coincés entre ses dents de devant lui donnaient un air négligé.

— Ah ! Qu'il est difficile de se faire entendre, lança-t-elle, rêveuse.

— Venez danser, Cécile !

— Danser ? Tu n'y penses pas mon ami, je ne peux pas danser ! Je suis en deuil !

Max et le skinhead échangèrent un regard perplexe. Cécile était bien plus bourrée qu'elle en avait l'air et danser n'était peut-être pas une bonne idée.

— Ma mère est morte, dit-elle au skinhead. Pauvre femme. Je dois interdire à James de l'enterrer avec ses chaussures bicolores.

— Je me casse, annonça le skinhead en se levant.

— Viens là, dit Cécile en désignant une chaise à Max. Dis donc, ton copain n'a pas inventé la poudre.

Max rit, pensa que si Richard n'avait pas inventé la poudre, il savait où la trouver et comment s'en servir.

— C'est quoi ? demanda-t-il en examinant de plus près la robe de Cécile.

— De la mayonnaise, dit-elle en louchant sur son décolleté. Max, tu as réfléchi pour l'appartement ?

— Oui et je ne pense pas que ce soit une bonne idée.

Le visage de Cécile se figea. Max craignit un instant qu'elle ne s'écroule sur la table.

— Je voudrais vous dire une chose très importante. Il prit les mains de Cécile dans les siennes.

La porte s'ouvrit alors sur Charles. Cécile éclata de rire.

— Charles, je t'adore ! cria-t-elle. Tu es magnifique !

Perplexe et engoncé dans le costume de pilote de ligne qu'il avait emprunté à un ami, Charles n'arrivait pas à faire le lien entre l'hilarité de Cécile et le décès de sa mère. Tout en n'ayant jamais douté depuis leur première rencontre qu'elle était la femme de sa vie, il avait très vite compris que Cécile serait, de tous ses voyages, le plus risqué. Pourquoi ce jeune homme lui tenait-il la main ? pensa-t-il alors.

— Comment te sens-tu ? demanda-t-il en s'approchant d'elle.

— Ça va, dit-elle en souriant tristement.

— Je voudrais parler à Cécile Je vous la rends très vite, dit Max un peu gêné.

Charles eut une seconde d'hésitation puis sortit sans un mot.

— Je l'ai vexé ? demanda Max.

— Oui. Alors fais vite.

— Vous m'avez accusé l'autre jour, vous vous souvenez.

— Oh ! *Forget it !* Quand je suis sobre, je dis n'importe quoi !

— Non, non ! Vous n'aviez pas tout à fait tort. Il hésita. Tout a un sens, vous le savez mieux que quiconque. Nous sommes guidés par nos souvenirs et nous en produisons chaque jour de nouveaux qui nous entourent comme les murs d'une forteresse. Vous voyez ce que je veux dire ?

— Tu veux parler des souvenirs dont vous accablent ces deux vieilles folles ?

— Elles sont terribles, c'est vrai et ce sont nos ennemies. Pourtant elles ont été fair-play. Elles ne nous ont jamais séparés.

— Est-ce un cadeau qu'elles vous ont fait ? J'en doute parfois. Et pourquoi vous auraient-elles séparés au fond ? Le double, c'est leur nature.

— Peut-être, Cécile. Mais elles n'ont jamais couché ensemble, dit Max en baissant les yeux.

Cécile sentit tomber sur elle une immense lassitude glacée.

— Je ne comprends pas ce que tu dis, Max. Laisse-moi finir ce plateau, s'il te plaît.

Cécile sortit des minipizzas du four et les disposa avec application sur une assiette. Quelqu'un entra dans la cuisine à qui elle demanda d'attendre une minute pour lui donner l'assiette prête.

— Vous êtes qui, vous ? demanda-t-elle au jeune homme en caban à épaulettes et boutons dorés.

— Le capitaine Nemo, répondit-il un peu vexé.

Un blond en boubou à médaillons Giscard d'Estaing demanda du rab de champagne.

— Dans la baignoire, deuxième porte à droite dans le couloir, dit Cécile, affairée.

Le capitaine Nemo repartit avec deux assiettes de pizzas. Cécile regarda Max en soupirant. Résignée, elle s'assit en face de lui.

— J'ai eu une journée éprouvante, Max. Je te rappelle que je viens de perdre ma mère. Je suis la prochaine sur la liste, tu sais.

Serena Williams entra en coup de vent, demanda une éponge. Cécile lui indiqua l'évier du menton.

— Fermez la porte derrière vous, dit-elle. Je t'écoute, Max, ajouta-t-elle lorsqu'ils furent enfin seuls.

— C'est arrivé, c'est tout.

— Je ne comprends pas ce que tu dis. Cécile dodelinait, le visage crispé. Elle posa la main sur l'épaule de Max. Je n'ai pas très envie de savoir, je crois.

— Moi, j'ai besoin de vous le dire.

— Max, vous n'avez pas couché ensemble, n'est-ce pas ? demanda-t-elle en suivant méticuleusement du doigt les lignes écossaises de la toile cirée. Elle hurla en silence à Charles de venir illico à son secours.

— Si. Et souvent.

— Quelle horreur ! murmura-t-elle. Pourquoi avez-vous fait ça ? Vous êtes cousins, vous êtes comme des frères.

— Ça vous choque. Oui, forcément, ça vous choque.

— Je ne suis pas choquée, je suis effondrée. Pourquoi ? demanda-t-elle.

— C'est Raphael qui voulait. Il voulait depuis longtemps et un jour j'ai accepté.

— Quel âge aviez-vous ?

— Dix-sept, dix-huit ans. Un jour, je n'ai plus voulu et ça n'est plus jamais arrivé. Est-ce que vous pouvez comprendre que je l'ai fait pour lui ? Et que j'ai ressenti beaucoup de plaisir en lui faisant plaisir ?

Cécile détourna la tête.

— Tais-toi, Max, ça ne me concerne pas.

— Non, je veux tout vous dire. Raphael est ce que j'ai de plus cher au monde. Mais je ne peux pas lui donner ce qu'il me demande parce que ça m'étouffe. Tous les jours, Cécile, tous les jours je me demande qui je suis et avec qui j'ai envie de faire l'amour.

— Nom de Dieu ! cria Cécile. Il y a des choses qu'on doit s'interdire de faire parce qu'elles sont dangereuses. Les Valette le savent ?

— Nous n'en avons parlé à personne mais les Valette l'ont deviné. Elles n'ont pas de preuves et elles tournent autour du pot depuis des années. Cécile, on s'en fout qu'elles le sachent ou non. Je vous en ai parlé pour que vous compreniez que je ne suis pas un salaud. Ou si j'en suis un, je le paie très cher. Raphael ne connaît pas la vie. Il se fout de tout désormais et je ne peux pas le laisser seul. J'aurais voulu profiter de la vente de l'appartement pour partir mais c'est impossible. Ce sera comme ça jusqu'à la fin de mes jours. Max resta un moment silencieux. S'il vit, je vis. S'il meurt, je meurs.

— Non ! s'énerva Cécile. S'il meurt, tu vis. Mal, mais tu vis. Le drame, c'est pour lui. Toi, tu t'en sortiras toujours. Elle fixa Max avec dureté puis son regard s'adoucit. Je ne pense pas que tu sois un salaud, Max. Au fond, tu restes très mystérieux. En tout cas, ce que tu viens de me dire ne change rien à mes sentiments.

Cécile mentait. Une succession d'images désagréables défilaient déjà dans sa tête, affolantes et honteuses. Max et Raphael dans un lit Le corps maigre de Max qu'elle avait souvent vu évoluer à moitié nu dans l'appartement. Les belles mains de Raphael sur la peau blanche de son cousin. Elle tressaillit, détourna la tête pour dissimuler son effroi, puis se dit qu'elle avait toujours su.

Max se leva lourdement. Cécile le regarda quitter la pièce, consciente de la déception du jeune homme. Il était venu pour une bénédiction ou peut-être un conseil et il n'avait eu droit qu'aux cris indignés d'une vieille oie effarouchée.

— À ta santé, Max ! Je t'aime quand même, dit-elle en levant sa coupe de champagne.

Elle reposa son verre vide en grimaçant puis se dit qu'au fond il y avait pire que sa mort ou celle de sa mère. Il y avait la vie de Max et Raphael.

— Eva est là ! Entrée en trombe dans la cuisine, Louise prit Cécile par le bras pour la forcer à la suivre. Elle vient d'arriver avec un jeune homme. Merde ! Cécile ! Venez ! Vous n'allez pas passer la soirée dans la cuisine !

Cécile eut du mal à se lever, plombée par l'alcool et les aveux de Max. Elle suivit Louise dans le salon et mit un certain temps à comprendre ce qu'elle voyait. C'était une marée humaine dans la pièce saturée de vibrations électro et de fumée de cigarette. La musique était infernale et tout le monde dansait. Les costumes étaient plus délirants les uns que les autres. Une marquise plus large que haute retenait sa perruque en se tortillant, un plongeur dansait avec ses palmes et l'ours se dandinait avec une fille en slip et corset de vichy. Hommes, animaux et végétaux se côtoyaient en riant et tous se soumettaient avec grâce aux complexités et à l'encombrement de leurs costumes. Ils hurlaient des hymnes en anglais dont elle n'arrivait même pas à comprendre le premier mot. Elle aperçut Charles de loin qui dépassait tout le monde d'une tête et de deux décennies. L'amanite tue-mouche l'invita à danser. Elle refusa gentiment.

Adossée contre un mur, dans une pose de mauvais garçon, Eva considérait l'assistance d'un air amusé. Elle portait un smoking d'homme blanc à col de satin et une chemise à jabot. Là où chacun avait pris le risque du ridicule, Eva n'avait pas condescendu à se remettre en question, pensa Cécile, amère. Dissimulée derrière son voile immaculé, en retrait comme toujours et plus belle que tout le monde, elle parlait à l'oreille d'un jeune homme qui lui ressemblait.

Eva aperçut Cécile et Louise, leur fit signe et traversa la foule pour les rejoindre. Le temps, la distance soudaine avaient recréé une timidité entre les trois femmes. La voix fluette d'Eva était difficilement audible dans le brouhaha.

— Où sont Max et Raphael ? demanda-t-elle.

— Max doit danser et j'ai l'impression de voir Raphael sur le balcon.

— C'est une magnifique soirée, dit Eva. Je vous présente Alpo. Alpo, Cécile et Louise. Le jeune homme les salua sans un mot, regarda Eva en riant. Vous ne dansez pas ?

— Non, je suis en deuil, dit Cécile. Ma mère est morte.

Eva la dévisagea sans gentillesse. Les deux femmes s'affrontèrent en silence, comme autour d'un butin qu'elles ne voulaient pas partager.

Louise repartit danser, entraînant Eva et son compagnon dans son sillage.

Cécile avait besoin de réfléchir et retourna dans la cuisine pour faire le point. Après la colère et l'épouvante provoquées par les confidences de Max, elle sentait qu'il était possible d'aborder le problème autrement mais il fallait pour cela qu'elle fasse l'effort de se regarder en face. Elle se dit que depuis trente ans la littérature lui avait fait avaler un certain nombre de couleuvres, bien pires que ce qu'elle venait d'entendre et sans qu'elle en soit horrifiée. Elle pensa à ses écrivains adorés, Thackeray, Forster ou Wilde. Au groupe de Bloomsbury qui se mélangeait dans les lits entre hommes ou entre femmes, entre frères et cousins. Dans l'auditorium, elle parlait sans faillir ni rougir des personnages de Lawrence qui couchaient avec des femmes en rêvant d'autres hommes. Elle faisait lire à ses étudiants des histoires pleines de prélats déguisés en filles, de flagellants et de flagellés, de faunes cruels et de voyeurs. La littérature était pleine de ces combinaisons dont elle s'était nourrie sans en questionner l'éventuelle immoralité. Il fallait bien que tout cela vienne de quelque part, se dit-elle, de la vraie vie dont un aperçu venait de lui être dévoilé et qu'elle devait accepter. Consternée par la découverte soudaine de ses incohérences et par la rigidité de ses jugements, elle se dit qu'elle n'avait aucun droit de juger Max et Raphael.

— Tu rêves ? dit Charles, entré furtivement dans la cuisine.

Cécile lui fit part de sa conversation avec Max.

— Qu'en penses-tu ? demanda-t-elle à Charles qui la regardait, soucieux, adossé au frigidaire.

— Tu sais, Cécile, ce qui se passe derrière la porte close d'une chambre entre deux êtres qui s'aiment n'est pas négociable avec le reste du monde, quelles que soient les souffrances qu'on s'y inflige. Si Max a fait l'effort de marcher jusqu'au milieu du gué, tu dois de ton côté en faire autant.

— Tu as raison. Je me trompais sur lui. Au fond, Max est un faux rebelle vraiment désespéré qui ploie sous la culpabilité pendant que Raphael se tue à l'attendre.

Cécile sentit une paix intérieure lui caresser gentiment le cœur. Ses pieds nus posés sur le dossier de la chaise, elle considéra en soupirant d'aise le beau pilote de ligne qui la regardait en souriant. Quelques heures plus tôt, au téléphone, ils avaient parlé de l'éventualité d'une vie commune et Charles s'était alarmé des réticences de Cécile. Après l'euphorie de la nouveauté et le cap du corps qu'elle avait dépassé haut la main, Cécile avait refait ses comptes et revu à la hausse sa sacro-sainte liberté. Elle lui avait demandé pourquoi il voulait aller si vite. « Pourquoi pas ? » avait-il répondu avant d'ajouter qu'« à notre âge, on ne se trompe plus ». Cécile s'aperçut que Charles la regardait intensément, patiné et confiant, au milieu de la cuisine en chantier. Elle se dit qu'il avait raison. À vingt ans, on rêve de ce qu'on changera chez l'autre, à cinquante, on est avec l'autre pour ce qu'il est. Et puis la mort de sa mère avait tout bouleversé.

— Si on y allait ? dit-elle en se levant.

Eva se faufila, anguille albinos et souple, au milieu des animaux, des marquises et des végétaux, repoussa gentiment une tête de cerf endiablée dont les bois s'étaient pris dans ses cheveux.

— Quelqu'un vous a volé votre banc ? dit-elle en franchissant la porte du balcon.

Raphael fumait en regardant le square. Il se retourna lentement, dévisagea le jeune homme aérien et elfique qui accompagnait Eva.

— Je vous présente Alpo. Eva examina Raphael de la tête aux pieds. Vous êtes beau, dit-elle. Je suis contente de vous revoir. Elle se retourna, ferma les yeux en souriant et huma tel un arôme délicieux l'air glacé de la nuit. Max avait raison. Ces costumes, ces idées folles, on se croirait dans un conte.

— Et vous, qui êtes-vous ? demanda Raphael qui songeait à Gatsby.

— Je suis un homme ! rit-elle. Ça ne se voit pas ?

Max arriva comme s'il avait couru. Il observa longuement Alpo après avoir embrassé Eva. Une rumeur qui se transforma en hurlements leur parvint alors du salon. Il était minuit. Dans une explosion de pétards et de klaxons, on basculait dans l'année suivante. En une seconde, c'était fait. Eva embrassa Max et Raphael sans un mot et avec une certaine solennité. Puis, suivie d'Alpo, elle retourna dans le salon.

Restés seuls sur le balcon, Max se mit à tourner autour de Raphael, tête basse en fixant ses pieds. Aussi loin que sa mémoire pouvait le porter, Raphael avait toujours vu Max lui tourner autour en regardant ses pieds avant de lui soumettre un nouveau jeu aux règles impossibles. Alors que Raphael s'apprêtait à lui demander ce qu'il mijotait, Max lui enserra le visage dans ses mains et l'embrassa violemment. Raphael sentit dans le baiser de son cousin cette vieille rage faite pour le détruire, ce coup de couteau asséné par surprise, folie furieuse dirigée contre lui seul.

— Va te faire foutre ! hurla-t-il en le repoussant violemment.

Après le départ discret de Charles et Cécile, Max prit le relais dans la cuisine avec Louise. Elle parlait pour meubler car Max s'acharnait au silence, tiqué et de très mauvaise humeur. Perdu dans son kimono valettesque un peu trop grand pour lui, il avait l'air plus désespéré que jamais.

Passé minuit, la soirée prit une tournure plus barbare. On croisa des géantes en bloomer avec des têtes de cerf, Néfertiti en larmes, les panneaux solaires en pile contre la porte des toilettes, un plongeur en tutu et une danseuse avec des palmes. On ne s'excusait plus de rien, on jouait les culbutos en rigolant grassement.

Au bout du couloir, dans la chambre plongée dans l'obscurité, Eva, allongée sur le lit, regardait Raphael, la tête posée sur l'oreiller à côté de lui. Elle prit sa main qu'elle posa sur son sein.

— Je ne peux pas, murmura-t-il.

— Je sais. Je voulais seulement vous faire sentir mon cœur. Il bat très lentement. Il est aussi calme que moi. Demain, je repars en Finlande et je suis très heureuse. Raphael, vous avez changé ma vie. Je vous laisse le tableau. Je vous l'offre comme un ex-voto. J'ai senti que vous ne l'aimiez pas mais peut-être qu'un jour vous changerez d'avis. Un repentir, dit-elle. J'ai appris quelque chose. J'ai tellement appris en vivant auprès de vous. Raphael, la vie est longue. Il faut apprendre à ouvrir des portes et à en refermer d'autres. Aimer partout et de mille façons. Nos sensations nous le disent sans cesse et nous ne voulons pas les entendre. Pourquoi choisissons-nous la douleur ?

Eva se tut. Elle avait posé sa main contre la joue de Raphael. Le silence était un territoire qu'ils partageaient naturellement. La soirée avait disparu, le bruit de la fête n'était plus qu'un brouhaha étouffé. Puis, la porte s'ouvrit sans bruit. Une silhouette s'approcha du lit et s'allongea à côté d'eux.

— Au revoir, Raphael, murmura Eva en se relevant.

Alors qu'elle s'apprêtait à quitter l'appartement, Max lui barra le passage entre le couloir et l'entrée. Il était dévoré de tics violents et son kimono ouvert jusqu'à la taille dévoilait son torse blême.

— Où est Raphael ?

— Il est dans sa chambre, avec Alpo, dit-elle très calmement. Je vous interdis d'y aller. Laissez-lui une chance.

C'était elle maintenant qui l'empêchait de passer. Max la fixa intensément. La froideur d'Eva était un bloc de glace impénétrable. Il comprit alors que cette femme douce ne l'était pas. Les poings serrés, il ferma les yeux pour contenir la violence qui le submergeait. Quand il les rouvrit, Eva n'était plus là.

Il tituba jusqu'au salon. Le spectacle devenu illisible ne le concernait plus. Il se dit qu'il avait peut-être traversé le miroir et que désormais sa vie serait incroyablement simple. Il marcha jusqu'au canapé, se fit une petite place à côté d'un chat du Cheshire, attendit sans panique les effets de cette folie nouvelle qui l'avait brutalement vidé de tout avenir. Ne subsistaient qu'une vague rumeur et des silhouettes lentes aux couleurs fanées qu'il apercevait dans un flou de vitre embuée.

Au milieu de la piste, Louise était la seule encore intacte. Elle n'avait pratiquement pas bu et laissé passer les pétards sans tirer dessus. Électrisée par un mambo déjanté, elle dansait avec ses bras et faisait scintiller ses bracelets de strass à la lumière des spots. Elle s'aperçut que Max la regardait et lui fit signe de la rejoindre sur la piste. Il se leva comme sous hypnose et se colla à elle. Louise imprima à leurs corps un rythme chaloupé, Rita en transe avec son Fred un peu cotonneux. Elle le tenait plus qu'elle ne le guidait et sentait que lâché, il s'écroulerait à ses pieds.

— Max, j'ai quelque chose à te demander. Il lui fit face mais ses yeux regardaient ailleurs. C'est à cause de mes dents ? C'est ça ? Il semblait ne pas comprendre ce qu'elle lui disait. C'est à cause de mes dents que je ne te plais pas.

— Louise ! cria-t-il. Louise ! Chère Louise Brouillard !

La serrant plus fort contre lui, les doigts enfoncés dans la chair de son dos, Max éclata d'un rire de dément et l'entraîna dans une valse affreuse. Il riait et pleurait en même temps. Sa folie contagieuse essaima et tout le monde se mit à danser un pogo inquiétant dans le salon bondé. L'étreinte de Max était de plus en plus dangereuse et ses gestes de plus en plus saccadés. Malgré les mouvements de balancier de l'experte Louise, ils heurtèrent le pied d'une chaise et, rivés l'un à l'autre, s'affalèrent contre un mur. Les yeux rouge sang, Max se mit à pleurer en bavant une bouillie de mots incompréhensibles. Paniquée, Louise demanda alentour où était Raphael. Elle avait besoin de lui car Max dans cet état était d'une autre race.

— Allez voir dans le square ! cria-t-elle.

— Tous au square ! Le sous-marin est en perdition ! hurla le capitaine Nemo. Prenez du champagne, on en aura besoin !

La pièce se vida en quelques secondes. Louise éteignit la musique et s'agenouilla près de Max.

— Raphael n'est pas sur son banc, murmura-t-il. Il est dans sa chambre.

— Je vais le chercher.

Max la retint violemment par le bras.

— Non ! N'y va pas ! Il posa un doigt sur les lèvres de Louise. Ce n'est pas à cause de tes dents, tu sais.

— À cause de quoi alors ? demanda-t-elle d'un air désabusé.

Elle n'y croyait plus. C'était maintenant une certitude. Elle ne connaîtrait jamais les caresses de Max sur son ventre. Il y aurait toujours entre eux cette distance vide et impersonnelle qui, se dit-elle, n'avait pas bougé depuis son arrivée dans l'appartement.

— C'est la vie, Louise. Tu tombes amoureuse de tout le monde. C'est dans ta nature et je trouve ça formidable. J'aimerais penser moi aussi que tout est possible. Ne pleure pas, dit-il en passant délicatement la main dans les cheveux de la jeune femme. Ne pleure pas, s'il te plaît. Tu sais, Raphael n'est pas seul dans sa chambre. Ça me rend fou et je dois l'accepter. Il n'y a que les Valette pour croire que nous ne sommes pas seuls au monde. À cet instant précis, je le suis pour la première fois de ma vie. C'est un peu vertigineux mais je vais m'y faire, je n'ai pas le choix.

— Avec qui est-il ?

Max alluma une cigarette, regarda le plafond en soupirant.

— Avec Eva en homme.

Sur la page blanche du plafond, il imagina alors les corps enlacés de Raphael et Alpo. Un sentiment de dépossession et une jalousie immense lui emportèrent la tête comme une explosion. Il crut qu'il allait mourir et s'agrippa à Louise pour ne pas finir seul. Perdant la notion du temps, il se mit à errer dans une folie de souvenirs sans chronologie mais avec Raphael au centre de chaque plan. Il avait tant de fois désiré sa mort pour se libérer de son emprise. Contemplant le film mal monté de ses souvenirs qui défilaient à toute vitesse, il se dit qu'il ne pouvait rien contre Raphael. Il lui avait été donné à la naissance, aussi inéluctable qu'un trait de caractère ou un grain de beauté sur la hanche. Quoi qu'il arrive, son cousin serait toujours là, souriant ou triste devant ses yeux dès qu'il les fermerait, gardant sous sa peau d'homme ce corps d'enfant que ni l'un ni l'autre n'avaient su quitter. On avait fait d'eux un être unique avant de les forcer à des désirs contraires auxquels ils avaient voulu croire de toutes leurs forces.

Écroulés épaule contre épaule au milieu des mégots et des verres cassés, Louise et Max méditèrent un très long moment dans le salon silencieux. La sirène d'un camion de pompiers passé à toute vitesse sous les fenêtres de l'appartement agit sur eux comme une alarme. Max recolla les parties du drame en une seconde, se dit que personne d'autre que lui n'avait jamais touché Raphael, que personne ne savait ce qui lui faisait peur et ce qu'il aimait.

— Je ne veux pas ! cria-t-il, fou de rage et d'inquiétude en se relevant brusquement.

— Où vas-tu ? demanda Louise en le retenant par le bras. Laisse-les, Max. Tu n'as aucun droit sur eux. Personne n'a obligé Raphael à s'enfermer dans sa chambre avec ce type. Ce qu'ils font ne te regarde pas. Bordel, Max, vous n'êtes plus des enfants ! Viens ! dit-elle en l'entraînant fermement jusqu'à la porte. On va retrouver les autres.

Dans l'ascenseur, Max se vit dans le miroir, samouraï en disgrâce, flouté par l'alcool. Il ferma les yeux, incapable de soutenir son propre regard. C'est fini, se dit-il. Désormais, il ne pourrait plus qu'imaginer la vie de Raphael. Il ne saurait plus de lui que ce qu'il consentirait à lui dire. Pourtant cet éloignement qu'il avait toujours redouté commençait à lui apparaître comme une fatalité vivable. Contre toute attente, il avait survécu à la catastrophe et constatait qu'il respirait presque normalement. Il rouvrit les yeux sur Louise qu'il avait un instant oubliée.

— Personne ne porte ses dents aussi bien que toi, dit-il en lui caressant la joue.

Louise eut un petit pincement au cœur. Puis, comme une strip-teaseuse de haute volée, elle fit glisser ses gants de satin le long de ses bras en chantonnant *Gilda*.

— Las, ambigu et capable du pire ? C'est bien ce que tu m'as dit à propos de James Mason ?

Sans attendre la réponse, Max appuya sur le bouton à la clochette rouge. Après un léger soubresaut, l'ascenseur s'arrêta entre deux étages.

16

Arrivée en avance et assise au premier rang, Cécile regardait la salle du café-théâtre se remplir peu à peu. Elle s'était inquiétée toute la journée et s'était retenue d'appeler Louise une troisième fois. À l'extrémité du rang réservé aux invités, elle remarqua un couple discret accompagné d'une jeune fille qui ressemblait à Louise. La famille, pensa-t-elle avec tristesse. Max leur fit signe de loin et se faufila jusqu'au fauteuil que Cécile avait gardé pour lui. Elle ne l'avait pas vu depuis plus d'un mois et constata qu'il avait changé. Elle chercha en quoi sans réussir à trouver ce qu'il avait de différent.

— J'ai le trac, dit-elle.

— Elle va être formidable, j'en suis sûr, dit Max en serrant la main de Charles.

Raphael arriva quelques instants plus tard accompagné d'Alpo. Cécile remarqua immédiatement la distance énorme qui séparait désormais les deux hommes. Ils s'embrassèrent comme des cousins, échangèrent quelques mots puis s'ignorèrent. Cécile en eut le cœur brisé. Charles qui avait tout vu lui chuchota à l'oreille qu'ils étaient obligés d'en passer par là. Oui, Charles, pensa-t-elle, tu as raison. Mais elle savait aussi, d'expérience, que l'indifférence feinte était la porte ouverte à un oubli irréversible et bien réel. Les Valette arrivèrent essoufflées, suivies du regard par l'assistance subjuguée qui voyait double. Elles avaient donné à Louise le fourreau du bal costumé et annoncèrent très excitées et se croyant très drôles qu'elles venaient « voir leur robe ». La salle fut soudain plongée dans l'obscurité. Une ouvreuse, lampe de poche en main, guida Eva arrivée in extremis de l'aéroport jusqu'au dernier fauteuil inoccupé.

Le rideau se leva.

Réprimant un cri de surprise, Cécile tourna vivement la tête vers son voisin. Le beau visage de Max n'était plus déformé par aucun tic.

Comédie musicale

Parfaitement calme dans la pénombre du théâtre, le jeune homme arborait comme une légion d'honneur un sourire inédit et serein.

Put the blame on Mame, boys,
Put the blame on Mame.

CET OUVRAGE A ÉTÉ COMPOSÉ
PAR PCA
ET ACHEVÉ D'IMPRIMER EN FRANCE
PAR CPI BUSSIÈRE
À SAINT-AMAND-MONTROND (CHER)
POUR LE COMPTE DES ÉDITIONS J.-C. LATTÈS
17, RUE JACOB, 75006 PARIS
EN FÉVRIER 2015

JC Lattès s'engage pour l'environnement en réduisant l'empreinte carbone de ses livres. Celle de cet exemplaire est de :
655 g éq. CO_2
Rendez-vous sur www.jclattes-durable.fr

PAPIER À BASE DE FIBRES CERTIFIÉES

N° d'édition : 01 – N° d'impression : 2014268
Dépot légal : mars 2015